ESPAÑOL LENGUA EXTRANJERA

GW00372380

nuevo ven
Libro de ejercicios
3

Fernando Marín
Reyes Morales
Mariano del M. de Unamuno

edelsa
GRUPO DIDASCALIA, S.A.
Plaza Ciudad de Salta, 3 - 28043 MADRID- (ESPAÑA)
TEL.: (34) 914 165 511 - (34) 915 106 710
FAX: (34) 914 165 411
e-mail: edelsa@edelsa.es -www.edelsa.es

Primera edición: 2005

© Edelsa Grupo Didascalia, S.A. Madrid, 2005
Autores: Fernando Marín, Reyes Morales y Mariano del M. de Unamuno.

Dirección y coordinación editorial: Departamento de Edición de Edelsa.
Diseño de cubierta: Departamento de Imagen de Edelsa
Diseño y maquetación de interior: Departamento de Imagen de Edelsa.

Imprime: Lavel

ISBN: 84-7711-856-6

Depósito legal: M - 28809- 2005

Impreso en España / *Printed in Spain*

Ilustraciones:
Ángeles Peinador Arbiza

Voces de la locución: José Duque, Carmen Mayordomo, Eva Laspiur.

Es una producción dirigida y realizada por TALKBACK para Edelsa Grupo Didascalia.
Ingenieros de sonido: Eva Laspiur, José Emilio Muñoz.
Asistente de estudio: Sergio Martínez.

Índice

 Comprensión lectora y auditiva

1 **COMPLETA los espacios en blanco con las palabras o expresiones del recuadro.**

a. ataque de tos	b. calle de la amargura	c. cardiología	d. dementes	e. riesgo
f. enfermedades cardiovasculares	g. estrés	h. infartados	i. investigador	j. mentales

El director del Instituto Cardiovascular del hospital Mount Sinai de Nueva York, Valentín Fuster, está convencido de que el (1) .... es el asesino número uno en nuestras sociedades.

Fuster, que es un (2) ...... en la vanguardia mundial de (3) ...., cree que las herramientas para evitar el 80% de las (4) .... están ya en nuestra mano, y que usted y su Gobierno son los principales responsables de que no se usen. He aquí los consejos de oro del cardiólogo:

A Fuster le gusta la carne, y no puede evitar ir de vez en cuando a una de las mejores parrillas de vacuno de Nueva York. "¿Que cómo va el negocio?", le preguntó una vez al camarero, y éste respondió: "Malamente, señor. Esos (5) .... de la Asociación Americana del Corazón nos traen por la (6) ......". A Fuster le dio un (7) ....: el presidente de la Asociación Americana del Corazón era él. "Ya sé que resulta terrible", dice el cardiólogo, "pero las sensatísimas recomendaciones de la Asociación Americana del Corazón para las personas con (8)...... cardiovascular incluyen comer carne sólo una vez al mes. Se trata de una especie de dieta mediterránea llevada al extremo: frutas, verduras, carne una vez al mes y pescado graso [salmón, sardinas, pescados azules] dos veces a la semana".

Raro es el problema que no pueda resolverse con una política educativa inteligente, y la enfermedad cardiovascular no constituye una excepción. La escuela sería el sitio ideal para imprimir en los circuitos (9) ...... de los futuros (10) .... una serie de hábitos -dieta sana, ejercicio físico, demonización del tabaco- que salvarían su vida 40 años después. "Son medidas cuyos efectos no se ven en el plazo de una legislatura, pero las Administraciones locales pueden hacer mucho en este terreno", señala Fuster.

Javier Sampedro, *El País*, Sociedad, (fragmento), 23-07-2003.

2 Escucha la entrevista a Valentín Fuster y **CONTESTA** a las preguntas.

a. ¿De qué "epidemia" nos habla el entrevistado? ....
b. ¿Cuáles son las causas de las enfermedades cardiovasculares? ....
c. ¿Qué están haciendo los países desarrollados para prevenirlas? ....
d. ¿Quién provoca el estrés en nuestras sociedades? ....
e. ¿Qué deseo le pidió un médico amigo suyo? ....
f. ¿Qué es lo que hizo una persona que había sufrido un principio de infarto? ....

Gramática

1 **UTILIZA una perífrasis de obligación o una construccion con el mismo valor para REDACTAR una frase sobre cada tema.**

Ejemplo: Dieta   Hay que tener una dieta variada.

a. Sedentarismo   ....   c. Preocupaciones   ....
b. Alcohol   ....   d. Factores de riesgo   ....

2 A partir de la situación expuesta, ESCRIBE dos o tres formas de dar un consejo o una recomendación. USA una perífrasis de obligación, *ser* + un adjetivo valorativo o/y un Imperativo (positivo o negativo).

Ejemplo: Sigues fumando y no dejas de toser.

Tienes que dejar de fumar.
Es preciso que dejes de fumar.
Deja de fumar/ No fumes más.

a. Llevas varios días sin dormir.

....

b. Te duele la espalda.

....

c. Tienes un resfriado muy fuerte.

....

d. Te duele muchísimo la cabeza.

....

e. Trabajas demasiado, te cansas y sufres ansiedad.

....

f. Te sientes siempre cansado y con pocas fuerzas.

....

3 COLOCA la preposición adecuada cuando sea necesario.

Ejemplo: Javier se acuerda .. de .. todo.

a. El traumatólogo se dedica .... poner la escayola.
b. El éxito de la operación depende .... muchos factores.
c. Se ha acostumbrado .... comer demasiado.

d. El enfermo ha ingresado .... un hospital.
e. El médico coincide .... tu opinión.
f. Su familia no juega .... las cartas.

4 COMPLETA los espacios en blanco con las siguientes preposiciones cuando sean necesarias.

| de   a   en   con |

La semana pasada fuimos a una conferencia en la que se hablaba (a) ... los riesgos de la excesiva medicación. Aunque todo depende (b) ... la dosis, el conferenciante insistió (c) ... la conveniencia de no automedicarse y seguir los consejos del médico. Después se refirió (d) ... la importancia de la confianza entre médico y paciente: este último debe creer (e) ... el doctor para poder curarse y ha de confiar (f) ... él; si no, no seguirá el tratamiento. El conferenciante puso muchos ejemplos divertidos y el público se rió mucho (g) ... él. Casi todo el mundo estaba de acuerdo (h) ... las ideas del orador, aunque no se dedique (i) ... la medicina. Finalmente, resumió sus últimas investigaciones, aunque no explicó con detalle (j) ... qué consistían.

5 PON la preposición adecuada si hace falta, teniendo en cuenta la diferencia de significado entre los siguientes pares de oraciones.

Ejemplo: *Es muy callado. No habla .....mucho.*
                Están hablando siempre ... de ....fútbol.

• ¿Crees (a) ... los fenómenos paranormales?
  ¿Crees (b) ... Pedro o (c) ... María?

• Viste de manera tan estrafalaria que todos se ríen (d) ... él.
  Es muy ingenioso; todos nos reímos mucho (e) ... él.

• ¿(f) ... qué estás pensando?
  ¿Qué piensas (g) ... esta nueva dieta que he leído en una revista?

COMPLETA los espacios en blanco con el comparativo o superlativo adecuado.

a. ¡Qué rico! Es la ...... comida que he probado en mi vida.
b. Es el restaurante ...... barato ...... barrio.
c. El menú del día es ...... barato ...... la carta.
d. Esa receta es ...... fácil ...... lo ...... me habían dicho.

CONSTRUYE una oración con comparativos o superlativos.

Ejemplo:
Madrid tiene tres millones de habitantes.   *Las demás ciudades españolas tienen menos habitantes.*

a. La dieta mediterránea es muy sana – La comida rápida no es tan sana.
....
b. Los restaurantes japoneses son muy caros – Los restaurantes chinos no son tan caros.
....
c. Me dijeron que ese libro de cocina era interesante – El libro no era muy interesante.
....
d. Comer con palillos es difícil – Comer con tenedor y cuchillo es fácil.
....

 ## Léxico

 COMPLETA el texto con palabras del recuadro.

a. antibióticos	b. cáncer	c. enfermedad	d. fármacos	e. incurables
f. medicamentos	g. medicinas	h. prescriben	i. recetas	j. secundarios

Empachados de recetas

Uno de los temas actuales más preocupantes en las naciones industrializadas es el imparable aumento del consumo y el coste de las (1) .... Datos oficiales indican que en 2003 los médicos españoles extendieron 706 millones de recetas -el 6,8% más que el año anterior-, lo que supuso un gasto récord de 8.941 millones de euros. Al otro lado del Atlántico, en Estados Unidos, donde en los últimos cuatro años creció el número de personas sin seguro de (2) .... de 37 a 42 millones, el gasto en (3) .... durante este mismo cuatrienio subió el 65%, un porcentaje unas seis veces superior al crecimiento económico del país. Según el Instituto Nacional de Medicina, un prestigioso organismo científico estadounidense, la mitad de los (4) .... que se (5) .... son innecesarios. Este despilfarro es causa del aumento de nocivos efectos (6) ...., a veces mortales, de perniciosas adicciones y de infecciones (7) .... En los últimos meses, por ejemplo, se ha comprobado que un popular tratamiento hormonal de las molestias de la menopausia predispone al (8) .... de mama y a las enfermedades cardiovasculares. Y en otro estudio de unas diez mil mujeres, se ha demostrado que quienes consumieron más de 25 recetas de (9) ...., en un periodo de 17 años, tenían el doble de probabilidades de sufrir cáncer que la población general.
Ninguna persona razonable duda de la contribución espectacular de las (10) .... a la prolongación de la vida y al bienestar del género humano. Hoy disponemos de productos muy efectivos para prevenir, curar o mejorar dolencias como la hipertensión, la arterosclerosis, la depresión o el cáncer, en una población cada día más longeva, lo mismo que para ayudar a los niños a superar trastornos físicos o emocionales que interfieren en su desarrollo saludable.

Luis Rojas Marcos*, *El País* - Opinión, (fragmento), 03-03-2004.

*Profesor de Psiquiatría de la Universidad de Nueva York.

2 RELACIONA cada palabra de la columna de la derecha con la palabra o expresión equivalente de la columna de la izquierda.

Término culto o técnico	Término común
a. cardiaco	1. incurable
b. nefrítico	2. del riñón
c. gástrico	3. del estómago
d. oncológico	4. del corazón
e. terminal	5. permanente
f. crónico	6. del cáncer

 Frases hechas

1 ESCRIBE al lado de cada situación la expresión idiomática correspondiente.

Ejemplo: *Está gravísimo en un hospital:* **Está en las últimas.**

a. Pese a su edad conserva una gran fortaleza: …...

b. No se encuentra hoy muy bien de salud: …...

c. No ha venido a trabajar porque está enfermo: …..

d. Las cenas copiosas son muy malas para la salud: …...

e. Unos alimentos son buenos para la salud y otros, no: …..

f. Estaba riquísimo, pero comí demasiado: …..

EXPRESIONES IDIOMÁTICAS

1. De grandes cenas están las sepulturas llenas.

2. Estar como un roble.

3. Estar de baja.

4. Estar en las últimas.

5. Lo que no mata engorda.

6. No estar muy católico.

7. Ponerse morado.

2 COMPLETA las siguientes frases con las expresiones que aparecen en el siguiente cuadro.

1. Estar bueno	2. Estar pachucho	3. Dar el alta
4. Tener un trancazo	5. No estar para muchos trotes	

Ejemplo: Tras su grave enfermedad, Javier ya está bien. El médico le ha dado el alta.

a. No vendrá a trabajar. Ayer ...., tosía y respiraba fatal.

b. Este niño .... Mejor que no vaya al colegio.

c. No me meteré en el mar. Ya ....

d. Vuelvo a la oficina porque ahora ....

unidad 2
La ola latina

1 LEE el texto y COMPLETA los huecos con las frases del recuadro.

RADIOGRAFÍA EN BLANCO Y **NEGRO** de Antonio Muñoz Molina

Decidió convertirse en escritor cuando, con sólo once años (1) ....
Aterrizó en Madrid para estudiar la carrera de periodismo, pero después dejó la capital para irse a
Granada, donde (2) .... y trabajó como funcionario municipal. Es padre de familia
numerosa; (3) .... entre los tres de su anterior matrimonio y uno de su segunda mujer,
Elvira Lindo. Le encantaría saber (4) ...., y es muy aficionado al jazz. Se descubrió
como literato con *El invierno en Lisboa*, (5) .... con el Premio Nacional de Literatura.
A los cuarenta años (6) .... de la Real Academia de la Lengua Española, y hoy tiene
diez libros publicados entre los que destacan *El jinete polaco*, *Plenilunio*, *Beltenebros* y *Sefarad*.
Necesita mucho silencio para poder escribir y (7) .... Está enganchado a las novelas, la poesía, los libros de historia y las memorias. Y, entre los escritores, (8) .... Se
mueve bien en Internet: (9) .... Le gusta salir a correr, y (10) ....

Blanco y Negro, cultural del *ABC*, (texto adaptado).

a. admira a Mario Vargas Llosa	**f.** libro por el que fue galardonado
b. descubrió *La isla misteriosa* de Julio Verne	**g.** concentrarse bien
c. se convirtió en el miembro más joven	**h.** es un enemigo radical de los coches
d. suma cuatro hijos	**i.** tocar la batería
e. se licenció en Historia del Arte	**j.** "Reconozco que soy un curiosón"

2 UTILIZA el esquema del ejercicio anterior y ESCRIBE unas líneas sobre alguna persona ilus-
tre: artista, escritor / a, pariente, familiar, etc. a la que admires.

3 ESCUCHA la entrevista y CONTESTA verdadero o falso a las siguientes afirmaciones.

*Ana Rosa Quintana entrevista a Antonio Muñoz Molina, un apasionado de la palabra dentro y fuera de la
Academia de la Lengua, donde ocupa la silla "u". Poseedor de premios como el Nacional de Literatura o el
Planeta, este andaluz de mirada tranquila y corazón humilde, nos sigue emocionando con sus aventuras. Una de
las últimas tiene como escenario Nueva York, donde residió con su mujer, la cronista Elvira Lindo, y vivió en
directo el 11-S.*

	V	F
a. Dejar atrás todo lo que te ata te produce una sensación de libertad excitante.	☐	☐
b. No me siento indefenso con mucha facilidad.	☐	☐
c. En Nueva York he aprendido a ser extranjero.	☐	☐
d. Madrid no me gusta porque la gente se preocupa por su origen e identidad.	☐	☐

4 ESCUCHA otra vez y ELIGE la opción adecuada.

a. Según Muñoz Molina, irse a vivir ya de mayor a otro país ...

1. ☐ ...es negativo.   2. ☐ ...es positivo.

b. En Nueva York ...

1. ☐ ...todo es abrumador, el tamaño, las distancias.   2. ☐ ...uno se siente como en casa.

c. Si pudiera elegir, le gustaría vivir en ...

1. ☐ ...Nueva York.   2. ☐ ...Madrid.

d. Se supone que todos los escritores son bohemios ...

1. ☐ ...y él lo es.   2. ☐ ...pero él no lo es.

e. Se casó ...

1. ☐ ...y tuvo hijos muy tarde.   2. ☐ ...pronto y tuvo hijos enseguida.

Gramática

1 CORRIGE los fallos de los relativos y SUSTITÚYELOS por: *que, donde, cuando, cuyo/a/os/as.*

a. La diseñadora *quien* conociste no es latina.   ....

b. La aldea *que* me crié ha crecido muchísimo.   ....

c. Me gusta ir al malecón al atardecer, *quien* apenas hay luz.   ....

d. Les gusta pasear por Las Ramblas, *quien* hay muchos puestos de flores.   ....

e. Han pintado la fachada del palacio *que su* estilo es modernista.   ....

f. Les encanta ir a las playas de Canarias en diciembre, *que* hace frío en la península.   ....

g. Antes había mucha gente *quien* comía pipas en el cine.   ....

h. Este es el señor *que sus* hijas fueron elegidas para ocupar altos cargos.   ....

2 SUBRAYA la forma verbal más adecuada.

a. Atención, por favor, escuchen con atención, los padres que *quieren / quieran* hablar con los tutores de sus hijos, esperen un momento.

b. Hacen falta programadores informáticos que *conocen / conozcan* el nuevo programa de gestión.

c. No me parece muy buena la novela que *ha ganado / haya ganado* el Premio Planeta.

d. He leído en una revista que las personas que *tienen / tengan* animales domésticos en un piso deben extremar las medidas de higiene.

e. Una última observación: las trabajadoras que *desean / deseen* unirse a la huelga, que lo digan.

f. Los artistas conocieron a un mecenas que les *financió / financie* varios proyectos.

g. Era la primera vez que *comía / haya comido* frijoles con chile.

3 SUBRAYA la subordinada de relativo y DI si es especificativa o explicativa.

a. El Ayuntamiento ha cambiado los bancos del paseo que estaban rotos.   ....

b. El Ayuntamiento ha cambiado los bancos del paseo, que estaban rotos.   ....

c. El piso que venden no tiene terraza.   ....

d. Mi hermana, que vive en Chile, ha tenido gemelos.   ....

e. Los alumnos que habían estudiado sacaron buenas notas.   ....

f. La grúa se ha llevado los vehículos, que estaban mal estacionados.   ....

DISTINGUE los valores de *como* en las siguientes frases.

1. Indica la causa o el motivo: "porque, puesto que".
2. Indica el modo o la manera de hacer algo.
3. Indica el ejemplo o la comparación.

a. He hecho la tortilla de patata como me dijiste. ☐

b. A los jóvenes les gusta emigrar a grandes ciudades como Madrid y Barcelona. ☐

c. Como la cafetería estaba llena, decidí no entrar. ☐

d. Monté la estantería como indicaban las instrucciones. ☐

e. Como es normal en Navidad, los jefes nos regalan cestas de comida y bebida. ☐

f. Como nos cobraron mucho por la cena, no volvimos a ese restaurante. ☐

g. Tu hermano es tan guapo como me imaginaba. ☐

ELIGE la opción correcta entre las tres ofrecidas.

Carolina Herrera nominada a Mejor Diseñadora del año en Estados Unidos

Nuestra célebre diseñadora venezolana Carolina Herrera, (a) .... en Nueva York desde hace unas décadas, no sólo (b) .... entre las estrellas de Hollywood como Salma Hayek, Penélope Cruz o Renée Zelweger por (c) .... algunas, sino que también a nivel (d) .... amasa nominaciones como si fuera una candidata al Oscar.

En esta ocasión, ha sido nominada a Mejor Diseñadora del año en estilo (e) .... por el Fashion Awards (CFDA), una de las organizaciones sin ánimo de lucro más (f) ....de EE.UU. Carolina Herrera es nuevamente todo un orgullo para el mundo hispano.

En 1980 se mudó con su esposo e hijas a Nueva York, (g) .... presentó una colección pequeña que cosechó mucho éxito, y cuando ella volvió a Caracas, Armando de Armas se (h) .... por sus diseños y quiso invertir en sus ideas. Finalmente, en 1981, mostró su primera colección en el club Metropolitano de Nueva York, y tuvo mucho éxito. Algunas de sus (i) .... famosas fueron Estée Lauder y Jacqueline Kennedy Onasis. Su éxito fue aún mayor y llegó a lo más alto después de diseñar el vestido de boda para Carolina Kennedy. Carolina Herrera ha creado (j) .... uno de los conjuntos que Laura Bush, la esposa del presidente norteamericano, ha lucido en la inauguración presidencial y varios bosquejos para sus hijas para la semana de festejos. En el New York Fashion Week nos deleitará con su genio y elegancia, que la han convertido en una de las diseñadoras más (k) .... del panorama internacional.

a.	1. colocada	2. afincada	3. sentada
b.	1. arrasa	2. gana	3. compite
c.	1. llamar	2. dar	3. citar
d.	1. universitario	2. profesional	3. popular
e.	1. femenino	2. masculino	3. feminista
f.	1. desprestigiadas	2. prestigio	3. prestigiosas
g.	1. que	2. cuando	3. donde
h.	1. informó	2. interesó	3. animó
i.	1. clientas	2. personas	3. vendedoras
j.	1. próximamente	2. anteriormente	3. recientemente
k.	1. desdeñadas	2. aclamadas	3. infravaloradas

Léxico

1 **¿Eres de verdad ciudadano del mundo? DEMUÉSTRALO RELACIONANDO las dos columnas.**

1. Burritos	a. brasileño
2. Queso	b. turca
3. Guitarra	c. mexicanos
4. Puros	d. argentina
5. Tulipanes	e. italianos
6. Alfombra	f. suizo
7. Café	g. española
8. Perfume	h. francés
9. Zapatos	i. cubanos
10. Carne	j. holandeses

a. **Escribe otros ejemplos en donde se asocie algo a una nacionalidad en particular.**

Ejemplo: fútbol americano, muñecas rusas, etc.

b. **Ahora haz frases usando estas combinaciones de objeto + nacionalidad.**

Ejemplo: La mejor carne que he probado en mi vida, la más tierna y sabrosa es la carne argentina que comí en un restaurante de Buenos Aires.

2 **Expresa la frecuencia. RELLENA los huecos con palabras o frases del recuadro.**

1. normalmente 2. a veces 3. cinco días a la semana 4. con frecuencia 5. tres veces por semana
6. siempre 7. casi todos los fines de semana 8. el domingo por la noche 9. generalmente
10. curiosear por las tiendas 11. a orillas 12. coger el autobús 13. a tiro de piedra

Para mí, la semana transcurre de forma muy aburrida. Trabajo (a).................... de lunes a viernes, como casi todo el mundo. (b) ...., mi horario es de nueve a dos y de cuatro a ocho. (c)........ como en la cafetería de la empresa, pero (d) .... prefiero ir a casa y descansar un rato.

Como el trabajo me pilla muy cerca de casa, a tres manzanas escasas, (e) .... voy caminando. No merece la pena (f).............. para un trayecto tan corto. Además, me gusta (g) .... y ver escaparates porque en mi barrio hay muchos comercios.

Voy al gimnasio (h) ....: los lunes, los miércoles y los viernes y hago un poco de ejercicio. El gimnasio está (i)............... también, a unos diez minutos de casa.

Vivo en una ciudad costera (j)...................del Mar Cantábrico que se llama Santander. Aunque, (k) ...., no paso el fin de semana allí porque tengo una casa de campo muy bonita, donde tengo una especie de granja. (l) ....me tengo que pasar por allí y darles de comer a los perros y vigilar que todo esté bien. La verdad es que no descanso mucho en el campo. ¡Hay tantas cosas que hacer! Pero cuando regreso (m).............. me siento más relajado y feliz.

3 **LEE los textos sobre Galicia y CONTESTA a las preguntas.**

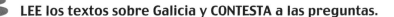

Galicia está situada en el extremo noroeste de la península Ibérica y constituye una unidad con características muy personales, tanto en el aspecto físico, climático y bio-geográfico como, sin lugar a dudas, en el humano. Su superficie se acerca a los 30.000 km², mientras su costa, una sucesión de playas, calas, ensenadas y acantilados, tiene una longitud de 1.300 kilómetros.

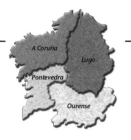

Los gallegos

Sobre el carácter de los gallegos existen diversas teorías y múltiples apreciaciones. Aunque lo mejor es conocerlos, tratarlos y formarse una opinión personal, existen ciertos mitos que los señalan como socarrones, huidizos, ambiguos, de buen humor, amigos de fiestas y romerías; fieles en el amor y la amistad -ésta no siempre fácil de trabar-, extremistas, poco apegados a la tierra y más a la familia, a menudo tristes y melancólicos, trabajadores, creyentes de mitos, supersticiones y misterios, preocupados por la muerte...

Lo cierto es que puede haber de todo y nada en el trato directo, que acostumbra a ser cordial y hospitalario con el forastero.

Guía del viajero: Galicia, (texto adaptado), Susaeta ediciones, S.A., 1990.

a. ¿Cuántos de estos adjetivos conoces? ¿Crees que predominan más los adjetivos positivos o los que describen una característica negativa? DIVÍDELOS en dos columnas.

CUALIDADES POSITIVAS	CUALIDADES NEGATIVAS
buen humor	huidizo
....	....

b. UTILIZA algunos de estos adjetivos o frases y DESCRIBE a los habitantes de alguna zona de tu país o región que conozcas bien.

Ejemplo: *El carácter de mis compatriotas del norte / del sur es ...*

....

Frases hechas

1 **LEE las siguientes frases hechas y DESCUBRE su sentido.**

1. *Cruzar el charco:* atravesar el Océano, especialmente el Atlántico.
Ejemplo: Los jóvenes de hoy siguen soñando con cruzar el charco porque piensan que en América encontrarán una vida mejor o tendrán más oportunidades de alcanzar el éxito.

2. *Donde fueres haz lo que vieres:* hay que intentar comportarse de una manera parecida a la de la gente del lugar donde se está para evitar cometer un "error cultural".
Ejemplo: Durante mi viaje a China decidí comer en un restaurante que no fuera para turistas. Claro, todos comían con palillos, así que pensé: "donde fueres haz lo que vieres" y me puse a comer con palillos.

3. *Nadie es profeta en su tierra:* a la gente se la suele valorar menos en su país que en el extranjero y por tanto cuesta más conseguir el triunfo en casa que fuera.
Ejemplo: Sonia emigró a Alemania y triunfó como bailarina después de muchos fracasos profesionales en España. Ya se sabe, por mucho que valgas, nadie es profeta en su tierra.

2 **RELLENA los huecos con los proverbios y frases hechas que acabas de aprender.**

a. Fíjate, me acaban de ofrecer una gira por Japón. La verdad, preferiría hacer una aquí en España, pero no me sale nada y como .... primero me iré allí.

b. Algunos personajes del mundo del espectáculo tienen que .... para conseguir la fama. Dice que se les valora más al otro lado del Atlántico.

c. Creo que soy una persona muy moldeable y me adapto bien a cualquier circunstancia. Mi lema es: ....

unidad 3
Campus

1 **ESCUCHA a Natalia hablando con una orientadora de su universidad, y SEÑALA quién dice cada cosa.**

	Orientadora	Natalia
a. Sugiere pedir una beca Erasmus.	☐	☐
b. Cree que la beca podría ser negativa.	☐	☐
c. No conoce ninguna universidad extranjera.	☐	☐
d. Le parece bien hablar con otros estudiantes.	☐	☐
e. Da nombres de tres estudiantes.	☐	☐

2 **Ahora Natalia se comunica por Internet con compañeros que han disfrutado de una beca, y estos le cuentan sus experiencias.**

	Ver tema anterior :: Ver tema siguiente
Autor	**Mensaje**

🗋 Publicado: Jue Feb 24, 2005 11:17 am **Asunto:** ⟨" citar⟩

Blanca

Lo mejor de estudiar en el extranjero es la gente que conoces: tus compañeros, los profesores. Haces muchos amigos y conoces a gente muy distinta de ti, y todo te parece nuevo.
Al principio te sientes un poco sola. Echas de menos a tu familia y a tus amigos. También notas mucho el cambio. En algunos países la cultura es muy diferente. Por ejemplo, en España llegar diez minutos tarde a clase o a alguna cita no es demasiado importante. En Alemania, donde yo estuve, parece que has cometido un delito si te retrasas, te miran muy mal. Lo que tienes que hacer es adaptarte cuanto antes.

Volver arriba   ⟨👤 perfil⟩ ⟨👥 mp⟩

🗋 Publicado: Jue Feb 24, 2005 11:17 am **Asunto:** ⟨" citar⟩

Alba

Ya verás que en la universidad que visitas la metodología será distinta. A lo mejor las clases son más prácticas y no hay que memorizar tanto. Pero, a cambio, los profesores exigen más investigación en grupo, y hay que entregar más trabajos. En cualquier caso la beca merece la pena porque es muy buena para tu currículum.
Ponte en contacto nada más llegar con la oficina Erasmus de la universidad para que te ayuden a buscar alojamiento.
Para que te den la beca hay que estar matriculado en una universidad, ser ciudadano de uno de los países participantes, y haber acabado al menos el primer año de tus estudios.

Volver arriba   ⟨👤 perfil⟩ ⟨👥 mp⟩

🗋 Publicado: Jue Feb 24, 2005 11:17 am **Asunto:** ⟨" citar⟩

José Ignacio

En muchos países de Europa hace falta una media de 600 euros al mes para todos los gastos. Ya sabes, el alojamiento, la comida, ropa, libros, transporte, etcétera. Y la beca puede ser de 2000 euros para los nueve meses que dura todo un curso. Esto te da una idea de la situación. Hay que buscarse un trabajo o que tus padres te ayuden. Si no, es que no puedes sobrevivir.
El mejor trabajo es dar clases particulares de tu idioma, si las encuentras, que no es siempre fácil. La gente también encuentra trabajo de camarero, cuidando niños, lavando platos en restaurantes. Deberías preguntar en las residencias universitarias. Tienen bolsas de trabajo para estudiantes.

Volver arriba   ⟨👤 perfil⟩ ⟨👥 mp⟩

3 Después de leer los tres correos IDENTIFICA de qué tema habla cada estudiante.

	Blanca	Alba	José Ignacio
a. Estudios			
b. Requisitos			
c. Alojamiento			
d. Gente y cultura			
e. Dinero			
f. Trabajo			

4 RELACIONA el principio con el final de la frase.

a. Lo mejor de
b. Hace falta
c. Hay que
d. Ya verás que
e. Merece la pena
f. Yo lo que te recomiendo es que
g. Yo en tu lugar

1. mucho dinero para comprarse un piso.
2. pagar un poco más pero estar a gusto.
3. pidas plaza en una residencia buena.
4. la residencia es que es barata.
5. compartiría un piso porque haces amigos.
6. las cosas no son tan difíciles.
7. aceptar la realidad.

Gramática

1 AÑADE la preposición adecuada delante de cada infinitivo: *al, de, con, por, para.*

a. Hemos perdido el avión .... venir en autobús en vez de venir en taxi.
b. Si quieres voy a tu casa .... ayudarte con tus exámenes.
c. .... poder elegir, yo iría a París a estudiar mi carrera.
d. Noté un olor raro .... entrar en la cocina: había un escape de gas.
e. El profesor miró las dos pilas de exámenes. Quedaban muchos .... corregir.
f. No creas que .... hacerme un regalito ya está todo olvidado.

2 RELLENA los huecos con la forma correcta de los verbos que aparecen en el cuadro (Infinitivo, Infinitivo perfecto, Gerundio, Gerundio perfecto).

1. copiar   2. criticar   3. decir   4. estar   5. estudiar   6. hacer   7. preguntar   8. ser   9. ver

a. No me gusta .... a nadie, pero Juan no sabe tocar la guitarra.
b. Ayuda a su hermano en los estudios .... la lección todos los días.
c. .... un estudiante brillante en el bachillerato no te garantiza tener éxito en la universidad.
d. .... cómo practica, no es de extrañar que toque bien el piano.
e. .... Veterinaria, Jorge quería trabajar con animales, no en un laboratorio.
f. El otro día, ... la compra, me encontré con Gerardo en el supermercado.
g. Recuerdo .... en este restaurante, pero no me acuerdo cuándo.
h. .... las verdades se pierden las amistades. *(Refrán)*
i. No se arrepiente de .... en el examen de ayer. Yo sería incapaz, me pondría nerviosa.

3 CONTESTA a las preguntas siguiendo el modelo.

Ejemplo: - ¿*Has visto a Fran? (Borja)*
- *No he visto a Fran, sino a Borja.*

a. ¿Hablaste ayer con Eva? (María). ....
b. ¿Te bajas en Valladolid? (Salamanca). ....
c. ¿Estas flores son para mí? (tu madre). ....
d. Eres de Valencia, ¿verdad? (Alicante). ....
e. ¿Esto lo haces porque es tu trabajo? (me gusta). ....
f. Creo que la carretera está hacia el norte (al este). ....

4 CONTESTA a las preguntas siguiendo el modelo.

Ejemplo: - ¿*Te gustan los poemas? (novelas)*
- *No, lo que me gusta no son los poemas, sino las novelas.*

a. ¿Has aprobado Historia? (Filosofía). ....
b. ¿Te vas a comprar unos pantalones? (chaqueta). ....
c. ¿Han llegado los paquetes? (las cartas). ....
d. ¿Llevaremos bocadillos? (patatas). ....
e. ¿Probaste las ostras? (los percebes). ....
f. ¿Tu hermano pequeño lee revistas? (tebeos). ....

5 REACCIONA ante las frases añadiendo más información, como en el ejemplo.

Ejemplo: - *Cristina habla muy bien (y escribe con buen estilo)*
- *Cristina no sólo habla muy bien, sino que también escribe con buen estilo.*

a. Jaime juega bien porque es alto (y hábil con la pelota).
....
b. Hay que entregar un trabajo (y una composición).
....
c. Le gustan las flores (y todas las plantas).
....
d. Mi padre observa los pájaros (y los dibuja).
....
e. Este programa corrige los errores ortográficos (y los gramaticales).
....

6 RELACIONA preguntas y respuestas.

a. ¿Cuánto hace que estás aquí?
b. ¿Todavía fabrican abanicos?
c. ¿Podemos volver por aquí?
d. ¿Cuándo debo tomar la pastilla, doctora?
e. ¿Cuándo nos dirán las notas del examen?
f. ¿Para cuándo debemos estar de vuelta?

1. Antes de que anochezca.
2. Después de las vacaciones.
3. Llevo esperando una hora.
4. Siempre que quieran.
5. Antes de cenar.
6. Siguen haciéndolos en China, creo.

7 **COMPLETA** las frases con los verbos del recuadro en la forma adecuada combinados con las siguientes palabras si hace falta: *antes / después / llevar / seguir / siempre/ mientras.*

1. enseñar	2. emocionar	3. entrar	4. escribir	5. estar	6. ir	7. tocar

Ejemplo: El profesor Luque *lleva* veinte años *enseñando* Literatura española en este centro.

a. No pares. Por mí puedes .... el piano. A mí no me molesta.
b. .... de que el público se .... , habrá que limpiar los suelos del museo.
c. No se preocupe. ...... usted se encuentre aquí ...... seguro.
d. .... que veo esta película me ....
e. .... de .... una composición conviene apuntar algunas ideas básicas.
f. Las dos cosas ocurrieron al mismo tiempo. .... yo miraba por la ventana, alguien .... por la puerta y volvió a salir.

Léxico

1 **COMPLETA** los huecos con palabras del recuadro. Hay cinco palabras que no necesitarás.

a. alguien	e. embargo	i. incluso	m. olvidado	q. profesional
b. alguno	f. el	j. lo	n. opciones	r. publicado
c. autor	g. época	k. momento	o. partido	s. rato
d. capacidad	h. hasta	l. número	p. pensamiento	t. sentido

NO SIRVO PARA NADA

Si ese (1) ...... le angustia, busque el talento que tiene (2) .... Aprovechándolo encontrará mayor sentido a lo que hace, incluso dando un giro a su vida (3) ....
Muchas personas sienten en algún (4)......... de su vida que son incapaces de destacar en nada o, (5)........., de realizar bien ninguna tarea. Esto puede ser consecuencia de la dificultad que tenemos para identificar y sacar (6)......... a nuestros talentos. "Todos poseemos (7)........., pero hay muchas personas que no llegan a desarrollarlo o viven en un entorno que no se (8)........ permite" asegura Manuel Pimentel, que ha (9)......... recientemente *El Talento*. Explica el (10)......... que el diccionario confunde este don con la inteligencia: "La inteligencia es algo más que la simple (11)......... de aprender, es la capacidad de construir y elegir entre las (12)......... más adecuadas. Es una capacidad vinculada a la elección. Sin (13)........., el talento se manifiesta en algo que se hace especialmente bien. Va vinculado a la acción". Tampoco habla del talento en el (14)......... en el que se usa hoy en el mundo empresarial, donde prima la competitividad y ser el mejor. Se trata de desarrollar al máximo nuestras capacidades, no de ser el (15)......... uno.

Javier Casado, Magazine, *El Mundo*, (texto adaptado), Junio de 2004.

2 **ESCOGE la palabra más adecuada para cada definición.**

a. Hacer los trámites necesarios para estudiar un curso es...
1. ☐ registrarse   2. ☐ matricularse   3. ☐ anotarse

b. Un conjunto completo de estudios universitarios se llama...
1. ☐ enseñanza   2. ☐ curso   3. ☐ carrera

c. Ir hacia adelante o mejorar en algo es...
1. ☐ avanzar   2. ☐ adelantar   3. ☐ superar

d. Los estudios que no son ciencias, como la Filología y la Historia, son estudios de...
1. ☐ letras   2. ☐ artes   3. ☐ literatura

e. La lista de asignaturas o tareas y las horas a las que se realizan se llama...
1. ☐ esquema   2. ☐ temporal   3. ☐ horario

f. Un examen que se responde de viva voz es un examen...
1. ☐ hablado   2. ☐ dialogado   3. ☐ oral

g. Una condición o formalidad necesaria para conseguir algo es un...
1. ☐ requerimiento   2. ☐ reconvención   3. ☐ requisito

h. Cuando algo es absolutamente necesario también se dice que es...
1. ☐ imprescindible   2. ☐ impresentable   3. ☐ impredecible

i. Tener algo en alta estima, considerarlo importante, es...
1. ☐ apremiarlo   2. ☐ valorarlo   3. ☐ disfrutarlo

Frases hechas

1 **RELACIONA el principio y final de cada uno de estos refranes populares de la cultura hispánica.**

1. *Nadie nace*
2. *Cada maestrillo*
3. *Maestro Ciruela, que no sabía leer,*
4. *Mucho dinero y poca educación,*
5. *Con el tiempo y la paciencia,*
6. *El saber*

a. *no ocupa lugar.*
b. *tiene su librillo.*
c. *se adquiere la ciencia.*
d. *sabiendo.*
e. *y puso una escuela.*
f. *es la peor combinación.*

2 **RELACIONA los refranes del ejercicio anterior con los significados siguientes.**

a. Todo hay que aprenderlo. ....
b. Aprender siempre es bueno; cuanto más, mejor. ....
c. Hay muchas formas distintas de enseñar. ....
d. La gente que es ignorante a veces es muy atrevida. ....
e. Aprender cuesta esfuerzo y tiempo. ....
f. La riqueza nos hace arrogantes y la sabiduría humildes. ....

unidad 4
Adictos a las nuevas tecnologías

 Comprensión lectora

1 LEE el texto y CONTESTA a las preguntas.

Internet, Dios de nuestro tiempo

Y a Internet lo que le faltaba para su total sacralización era que por la red te pueda ya hasta tocar El Gordo. Por Internet puedes bajarte la música de moda; leer como gratuitos los periódicos de pago; buscar datos para el examen; hallar novia si no la tienes; ligar un plan con un guaperas de ojos azules; comprar un libro descatalogado. Menos café, Internet te da de todo. Y lo del café, por el momento: el tiempo habrá de llegar en que Internet te pregunte: «¿Solo o con leche?».

Internet estaba ya sacralizado hasta ortográficamente. En este artículo he escrito hasta ahora Internet con mayúscula mayestática. Vamos a quitársela, a apearle el tratamiento, como hace muy bien ABC con la práctica de su libro de estilo; vamos a dejarlo en internet con minúscula inicial, no le pongamos mayúscula como si fuera Dios, dejémoslo en todo caso en un nuevo dios de nuestro tiempo. Como un nuevo, único Dios, en el español hablado y escrito en la península concedemos a internet dos honores divinos: la mayúscula inicial y la ausencia de género gramatical. En Hispanoamérica es «la» internet, traducción española del «net», de la red americana de su nombre inglés. En España no es ni «el» internet ni «la» internet. Es internet a secas, como Dios es Dios a secas, no «el» Dios ni «la» Dios. Al no tener ni «o» ni «a» en sus letras, ni podemos ponerle a internet el multiusos de género en que se ha convertido el antiguo símbolo de la arroba de pesar cochinos, con perdón: la @.

Internet es el nuevo púlpito desde donde se proclaman las verdades de lo políticamente correcto en nuestra sociedad globalizada. Te aseguran cualquier cosa y cuando preguntas que dónde lo han leído, dónde lo han oído, te dicen con la nueva fe del repartidor del butano, que es la vieja fe del carbonero:

-Lo he visto en internet.

¿Dónde de internet? Ah, da lo mismo. Es como si te dijeran, sin citarte en qué libro:

-Lo he visto en la Biblioteca Nacional...

En internet, catecismo, Biblia, pontífice infalible, código civil, tablas de la ley en forma de pantalla, todo vale. Todo está igualado y sacralizado por la magia litúrgica de ese nuevo latín de URL, http, chat, FTP, ADSL, jpg, MP3. Si lo has visto en internet, da lo mismo que esté escrito en un editorial de «The Times» o en la infobasura de un confidencial; en una entrada de la Enciclopedia Británica o en un ejercicio escolar colgado en la red por un colegio público; en el cotilleo de un chat o en la intoxicación de un correo electrónico con múltiples destinatarios indiscriminados. Todo tiene igual, sacralizado valor. Internet ha acabado con la venta de libros de consulta. Larousse o Espasa se llaman ya Google o Yahoo. ¿Rigor? Ninguno. Pero está en internet. Lo que faltaba es que hasta El Gordo lo dieran por internet. ¿Dónde ha caído El Gordo de Navidad este año? ¿Dónde va a ser? ¡En internet!

Antonio Burgos, abc.es, 26-12-2004.

a. ¿Qué se puede conseguir a través de Internet? ....
b. ¿Qué es lo último que se ha conseguido hacer por Internet? ....
c. ¿Por qué Antonio Burgos prefiere escribir "internet" con minúscula? ....
d. ¿Qué es lo que hace la gente cuando lee algo en Internet? ....
e. ¿Qué piensa el autor de las diferentes fuentes de Internet? ....
f. ¿Qué ha pasado con las enciclopedias y los libros de consulta? ....
g. ¿Qué quiere decir "nuevo latín de URL, http, chat, FTP, ADSL, jpg, MP3"? ....

Comprensión auditiva

ESCUCHA la audición y RESPONDE a las siguientes preguntas.

a.

1. ☐ A todos los adictos se los reconoce porque tienen los mismos síntomas.
2. ☐ No todos los adictos al trabajo saben que lo son.
3. ☐ Sólo los adictos extremos saben que lo son.

b. Dos ejemplos de síntomas claros de adicción al trabajo son ……………….................................
....

c. ¿Cómo notan los familiares que tienen un adicto al trabajo en casa? ....
....

d.

1. ☐ Los adictos al trabajo nunca quieren reconocer su problema ni recibir ayuda.
2. ☐ Son los familiares los que quizá se planteen buscar ayuda.
3. ☐ Cuando un empleado vive para trabajar, se plantea recibir ayuda.

e. Los jefes adictos al trabajo

1. ☐ son personas muy conflictivas y no son eficaces.
2. ☐ son beneficiosos para que la empresa funcione mejor.
3. ☐ son muy demandados por los departamentos de Recursos Humanos.

Gramática

COMPLETA las frases con el pronombre adecuado empleando alguno de los que aparecen en el recuadro.

conmigo	contigo	ella	mí	ti

Hola, María:
Lourdes se ha vuelto una adicta a las compras. Sólo quiere salir (a)...... si es para comprar algo. Para (b)...... , comprar no sólo es una diversión: es una necesidad. Sé que para (c)...... no es lo mismo, ya sé que puedo contar (d)...... para otras cosas. A (e)...... la verdad es que las compras me divierten, pero no soporto estar todo el día en unos grandes almacenes. Creo que debemos convencer a Lourdes para que se divierta de otra forma, aunque no sé si podremos hacer algo con (f)...... . Bueno, contéstame, que no he sabido nada de (g)...... en los últimos meses.

2 En las siguientes frases SUBRAYA la expresión correcta.

a. Entre tú y *mí* / *yo* lo podemos hacer.

b. No está satisfecho *consigo* / *con él* mismo.

c. Este regalo es para *sí* / *ella*.

d. Hasta *ti* / *tú* me has engañado.

e. No coincido con Juan: no estoy de acuerdo con *consigo* / *él*.

3 COMPLETA los huecos con un pronombre relativo.

Los expertos alertan también sobre un problema de los últimos tiempos, la compra compulsiva, (a) ...... ya genera más problemas que Internet. Éstos son algunos de los nuevos peligros sociales (b) ...... acechan a las sociedades occidentales y de los que ayer alertaron los profesionales, (c) ...... entienden que el problema alcanza niveles preocupantes. Respecto a la adicción a la red, las patologías también son preocupantes: se han descrito casos de personas que no salen de casa y sólo se relacionan con el exterior a través de Internet. (d) ...... se comportan de esta forma se encuentran en una situación de peligro. El doctor Seguí ha tratado a muchos jóvenes, algunos de los (e) ...... han llegado a un nivel de adicción que ha terminado por anular su vida.

4 ELIGE entre *que* / *quien* / *cual*, precedidos por una preposición y/o artículo si es necesario para completar los espacios en blanco.

a. Ha venido un nuevo jefe .... no se lleva muy bien.

b. No sé .... habrá mandado este ramo de flores.

c. El gobierno ha presentado un informe según .... la economía crecerá mucho este año.

d. Sólo hay una persona .... sabe alemán en esta empresa.

e. Los amigos .... estuvimos en la fiesta vendrán mañana a España.

5 ESCRIBE oraciones de relativo con preposición, como en el ejemplo.

Ejemplo: *Los amigos (gustar la música) van todos los sábados a los conciertos del Auditorio.*
           Los amigos a los que les gusta la música van todos los sábados a los conciertos del Auditorio.

a. El amigo (hablarte de él ayer) ha ganado un premio muy importante.

....

b. La empresa (trabajar nosotros) atraviesa graves dificultades.

....

c. Las personas (preocupar su imagen) se cuidan más.

....

d. Los compañeros (vivir con ellos) abandonarán el piso después del verano.

....

e. La única persona (confiar en ella) lo traicionó.

....

Léxico

1 COMPLETA el texto con palabras o expresiones del recuadro.

| a. abanico | b. adicción | c. adictos | d. cara a cara | e. complicado |
| f. desintoxicación | g. rehuir | h. tecnología | i. trastornos | j. tratamiento |

Un hospital de Londres da tratamiento a los adictos a enviar mensajes por el móvil

Un hospital de Londres ha comenzado a dar (1) ...... a personas que han desarrollado una (2) ...... a enviar mensajes por teléfono móvil como una forma de (3) ...... las relaciones humanas (4) ...... , según informó el diario británico "The Independent". El Priory Hospital de Roehampton, radicado en una zona del suroeste de Londres, que ya se había hecho famoso por tratar a celebridades con problemas de drogas y alcohol, ha decidido ahora ampliar el (5) ...... de sus programas de (6) ...... para abordar el cada vez más (7)...... mundo de las adicciones. El doctor Mark Collins, jefe de la Unidad de Adicciones del Priory Hospital, explicó que los (8) ...... a enviar textos por el móvil son sólo un ejemplo de cómo este tipo de (9) ...... ha cambiado en los últimos años.

El creciente protagonismo de los teléfonos móviles y la (10) ...... de Internet pueden estar alimentado un nuevo género de comportamientos adictivos en un mundo cada vez más estresado. "El principal peligro es el de evitar la realidad y vivir una realidad artificial", comentó el doctor Collins.

elmundo.es, 10-10-2003.

2 RELLENA la siguiente tabla.

NOMBRE	ADJETIVO	VERBO
Dependencia	Dependiente	Depender
Obsesión		
Perfección		
	Moderno	
		Imaginar
	Engañoso	

3 ELIGE la definición que corresponde a cada una de las palabras abajo mencionadas.

a. Dicho de una droga, del juego o de otra actividad: causar adicción.
b. Entablar relaciones amorosas o sentimentales pasajeras.
c. Guapo y presumido.
d. Idea que con tenaz persistencia asalta la mente.
e. Necesidad incontrolable de alguna sustancia para experimentar sus efectos o calmar el malestar producido por su privación.
f. Símbolo @ usado en las direcciones de correo electrónico.
g. Premio máximo de la lotería.
h. Que no puede fallar.
i. Que se repite de forma aburrida.
j. Que tiene impulsos irresistibles.

1. Arroba ☐   2. Compulsivo ☐   3. Dependencia ☐   4. El Gordo ☐   5. Engancharte ☐
6. Guaperas ☐   7. Infalible ☐   8. Ligar ☐   9. Monótono ☐   10. Obsesión ☐

1 SEÑALA el significado de las siguientes expresiones idiomáticas.

1. *Faltarle (a alguien) un tornillo*
   a. ☐ estar sin dinero   b. ☐ estar un poco loco   c. ☐ estar estropeado

2. *Jugar con fuego*
   a. ☐ asumir grandes riesgos   b. ☐ incendiar   c. ☐ no saber qué hacer

3. *Mantenerse en sus trece*
   a. ☐ equivocarse   b. ☐ obsesionarse   c. ☐ no cambiar de opinión

4. *Pasar la noche en blanco*
   a. ☐ no dormir   b. ☐ dormir mucho   c. ☐ preocuparse

5. *Tener entre ceja y ceja a alguien*
   a. ☐ olvidarse   b. ☐ no soportar   c. ☐ pensar en

6. *Comerse el coco*
   a. ☐ obsesionarse   b. ☐ trastornarse   c. ☐ aislarse

7. *Estar en la luna*
   a. ☐ estar ilusionado   b. ☐ estar despistado   c. ☐ estar loco

8. *Pasarse de la raya*
   a. ☐ no hacer caso   b. ☐ excederse   c. ☐ ser mala persona

2 Ahora COMPLETA estas frases con las expresiones del ejercicio anterior en la forma ade-cuada (tiempo y modo verbal).

a. - Lleva *chateando* desde anteayer por la tarde.
   - Creo que ....

b. - Él está asumiendo muchos riesgos al enfrentarse al jefe.
   - Sí, ...

c. - ¿Qué tal tu amigo, le gusta su nuevo ordenador?
   - Por las mañanas está siempre dormido, ... *chateando* y navegando por Internet.

d. - Nunca atiende las conversaciones de los demás.
   - Sí, claro siempre está pensando en sus cosas, ...

e. - Bueno, ¿ha cambiado ya Pascual de opinión?
   - No, ...

f. - No te .... con ese problema, no es para tanto.

g. - ¿No te parece que José se comporta de forma rara?
   - Sí, parece que ....

h. Pablo no me dirige la palabra, seguro que ....

unidad 5
¿Culpable o inocente?

 **Comprensión lectora y auditiva**

1 LEE este texto sobre un famoso delincuente y CONTESTA a las preguntas: verdadero o falso.

El asesino más buscado de España

Este es el asesino más buscado de España. Lleva actuando al menos desde 1999, pero hasta 2004 no había matado a nadie. Sus disparos sólo habían servido para intimidar a los empleados y clientes de los bancos. Pero el 9 de junio de 2004, cuando iba conduciendo por la carretera, una patrulla de la Guardia Civil le intentó parar, posiblemente para ponerle una simple multa de tráfico. Él reaccionó disparándoles a los dos policías una ráfaga de ametralladora, matándolos a ambos.

Al investigar las balas recogidas en el lugar se pudo relacionar a este hombre con atracos perpetrados en toda España desde 1999, hasta veinticinco delitos y un botín total de más de medio millón de euros. El caso es que existen numerosas imágenes de este atracador, grabadas por las cámaras de vigilancia de los bancos atracados. Pero él siempre actúa con barba postiza y peluca. Además, lleva chaleco antibalas debajo de la camisa, con lo que no se ve su complexión real. También se sabe que es un tipo frío. Ya se ha enfrentado varias veces a tiros con la policía. En una ocasión pudo disparar a un policía en el pecho, pero en el último momento bajó el arma y le disparó en una pierna, perdonándole la vida, y escapó corriendo.

Lorenzo Silva, elmudo.es, Crónica, (fragmento), 6-02-2005.

	V	F
a. Este hombre nunca ha matado a nadie.	☐	☐
b. La policía ha podido saber que era él comparando las balas.	☐	☐
c. Parece gordo, pero lleva un chaleco antibalas.	☐	☐
d. Se tapa la cara para que nadie lo vea.	☐	☐
e. Ha conseguido robar aproximadamente 500.000 euros.	☐	☐
f. Una vez hirió a un policía en una pierna, pero no lo mató.	☐	☐

2 Ahora ESCUCHA un llamamiento con la descripción del delincuente y CONTESTA a las preguntas.

a. ¿Qué clase de ropa lleva?
1. ☐ Pantalón recto y chaqueta muy amplia.
2. ☐ Cambia mucho de forma de vestir.
3. ☐ Gabardina larga para ocultar las armas.

b. ¿Cómo tiene los ojos, en apariencia?
1. ☐ Claros.
2. ☐ Oscuros.
3. ☐ No se sabe: lleva gafas oscuras.

c. ¿Qué armas utiliza?
1. ☐ Siempre pistola.
2. ☐ Siempre un subfusil.
3. ☐ Pistola, revólver y subfusil.

d. ¿A qué hora suele actuar?
1. ☐ Por la mañana temprano.
2. ☐ A última hora de la mañana.
3. ☐ A última hora de la tarde.

e. ¿Qué edad tiene?
1. ☐ Unos treinta años.
2. ☐ Unos cuarenta años.
3. ☐ Unos sesenta años.

f. ¿Cuál es el teléfono de colaboración ciudadana?
1. ☐ 912 10 12 12.
2. ☐ 910 12 12 12.
3. ☐ 900 10 12 12.

ñ Gramática

1 RELACIONA las dos columnas para construir frases.

a. Hemos visto tantas películas
b. Dejé aquí mi bolso y no está,
c. Eres tan vaga
d. Le han declarado culpable de robo
e. Hay tan pocos policías
f. Me acaban de robar la moto

1. de modo que voy a presentar una denuncia.
2. que los delitos quedan impunes.
3. que no te moverías ni por dinero.
4. que ya no nos acordamos de cuál es cuál.
5. así que tendrá que ir a la cárcel.
6. por consiguiente, alguien lo ha robado.

2 COMPLETA las frases con así que, aunque, porque o pero.

a. Todo delincuente tiene derecho a la reinserción, ……… haya cometido muchos crímenes.
b. Les di la descripción a los policías, ……… no lo han encontrado.
c. Debe tratarse de un ladrón profesional, ……… ha abierto la cerradura fácilmente.
d. En este barrio hay mucho carterista, ……… ten cuidado.
e. Habrá cometido algún robo, ……… lo busca la policía.
f. Ya llevo tres multas de tráfico, ……… tengo que tener más cuidado.
g. Yo he sido testigo de un asesinato famoso, ……… no te lo creas.
h. Él intenta reinsertarse, ……… no encuentra trabajo.

3 COMPLETA cada hueco con la palabra adecuada.

a. Aquí hay huellas de zapatos mojados. ……… consiguiente, llovía cuando entró el ladrón.
b. Siempre has hecho lo que has querido, ……… manera que no protestes.
c. Hacía un frío tremendo, de modo ……… nos metimos en un café un rato.
d. No había taxis por ninguna parte, ……… es que tuvimos que volver andando.
e. Ella no estaba en el lugar de los hechos. Por……… tanto, no es culpable.
f. Has aprobado el último examen. Así………, ya eres abogado.
g. Has crecido ……… que ya no te conocía.

4 RELACIONA los principios y finales de frases.

a. Como no has cogido el teléfono
b. Puesto que no tienes ningún plan
c. Te ayudaré, pero no
d. Pondremos una denuncia
e. Gracias a que pasaba por ahí un policía
f. Pregúntale a tu hermano si está interesado

1. porque me pagues, sino por amistad.
2. dado que esto es una estafa.
3. pensaba que no estabas en casa.
4. no me atracaron.
5. ya que tú no quieres comprarme la moto.
6. ven conmigo a una fiesta.

5 **SUSTITUYE** los futuros por alguna de estas tres formas sin cambiar su significado.

- *Ir a* + infinitivo (sentido de futuro).
- *Supongo que* + Presente (probabilidad).
- Imperativo (instrucciones, órdenes).

a. Ramón estará perdiendo el tiempo, como si lo viera.
....

b. Te tomarás estas pastillas con la cena durante dos semanas, ¿de acuerdo?
....

c. Tus primos vendrán a la excursión, así que los podrás ver.
....

d. No fumarás a escondidas, ¿verdad?
....

e. Te recogeré en la estación de tren.
....

f. No irás más con esa pandilla. No son buena gente.
....

6 **COMPLETA** con *deber* o *tener que* en la forma adecuada. Puede haber varias respuestas correctas posibles.

a. No podíamos seguir adelante, de modo que .... dar media vuelta.
b. Sabíamos que .... esforzarnos para ganar.
c. .... (nosotros) haber preguntado cuánto costaban las entradas. ¡Son carísimas!
d. Si no podían venir, lo comprendo, pero .... haber llamado para avisar.
e. No .... haberte molestado en comprarnos un regalo.
f. Es culpa mía. .... tener más cuidado.

 Léxico

1 **RELLENA** los huecos con palabras del recuadro. Hay tres palabras que no tienen que utilizarse.

| a. blancura | b. culpas | c. delito | d. empresa | e. enfermeras | f. enjabonar | g. hospital |
| h. limpia | i. manchas | j. penal | k. presidiarias | l. presos | m. secarse | n. trabajan | o. tráfico |

Se lavan culpas y penas

Santa Mónica.
En el (1)...... de mujeres de Chorrillos existe una lavandería que funciona como la mejor (2)...... autogestiona-
ria. Por ahora el servicio que brindan es para el mercado interno de (3)......, pero pronto se abrirá para servicios
a la calle.
Hay una extraña semejanza entre una cárcel y una lavandería: (4)...... que se lavan, historias que exprimen el
corazón, eventuales lágrimas que corren hasta (5)....... El proceso mismo de rehabilitación se asemeja al que
atraviesa una prenda que llega sucia y debe salir -se supone que así sea- con cierta aceptable (6)....... En ningún
lugar la analogía es tan evidente como en la lavandería del penal Santa Mónica.
Cuando uno observa a las mujeres que (7)...... allí, toma nota de que estar en prisión puede ser un proceso de
enjuague espiritual. Algunas vienen de historias con (8)...... tan acentuadas que les tomará tiempo quitárselas
de encima. Otras fueron apenas salpicadas por el (9)...... y ya están cerca de cumplir su condena. Pero todas
parecen listas para llevar la vida (10)...... que se les escapó.
Si tuviera que (11)...... un episodio de su vida, María Elena escogería el día en que cayó presa por (12)..... de
drogas. Haría más. Restregaría de su historia ciertas amistades que la involucraron.

David Hidalgo Vega, Empresa Editora El Comercio S.A.

2 COMPLETA los espacios con una palabra relacionada con la que está entre paréntesis.

Ejemplo: *La finalidad de la pena es la <u>reinserción</u> del condenado. (Reinsertar)*

a. A veces los jueces imponen servicios .... en lugar de penas de cárcel. (Comunidad)
b. Es muy importante tomar medidas para la .... del delito. (Prevenir)
c. El .... del delincuente juvenil sólo se produce en algunos casos graves. (Interno)
d. Algunos jóvenes cometen actos de .... después de haber bebido. (Vándalo)
e. Unos gamberros me pegaron un .... y me tiraron al suelo. (Empujar)
f. Como siga molestándome voy a .... el caso a la policía. (Denuncia)
g. Como no me devuelva mi dinero le llevo a Vd. a la .... ahora mismo. (Comisario)

3 ESCRIBE la(s) palabra(s) que corresponde(n) a cada definición.

a. Cantidad de dinero que debe pagarse por cometer una infracción de tráfico: ....
b. Decisión de un tribunal sobre la pena impuesta a un delincuente: ....
c. Conjunto de tres luces que regula el tráfico en un cruce: ....
d. Tope o máximo de velocidad a la que se puede circular: ....
e. Carretera de varios carriles por cada sentido: ....
f. Lugar por donde los peatones tienen prioridad de paso sobre los coches: ....
g. Persona que sufre un accidente o un delito, como el robo o el asesinato: ....
h. Persona que viene de un país extranjero para buscar trabajo y una vida mejor: ....

Frases hechas

1 RELACIONA cada refrán o expresión con su significado.

1. *Siempre acaban pagando justos por pecadores.*
2. *Juez que admite regalos, llevarlo a palo.*
3. *Juez que dudando condena, merece pena.*
4. *Justicia, cosa muy buena; pero no en mi casa, en la ajena.*
5. *Justicia es agravio, cuando no la aplica el sabio.*
6. *Ladrón que roba a ladrón, tiene cien años de perdón.*
7. *Van las leyes adonde quieren los reyes.*
8. *Piensa el ladrón que todos son de su condición.*

a. Todos pensamos que los demás tienen nuestros mismos defectos.
b. En caso de duda, el juez no debe condenar.
c. La justicia mal aplicada es algo negativo.
d. Aplicar la justicia sólo a los demas.
e. Los inocentes sufren por los delitos cometidos por otros.
f. Es menos grave robar a un ladrón que a una persona honesta.
g. Los sobornos en la justicia merecen un castigo ejemplar.
h. Los poderosos son más fuertes que la ley.

2 ESCOGE un refrán de los que aparecen en el ejercicio anterior para hacer un comentario en las siguientes situaciones.

☐ a. Un amigo tuyo, a pesar de tener razón, ha perdido un pleito contra un hombre rico e influyente.
☐ b. Has vendido un coche de segunda mano a un comerciante y el coche está en muy mal estado, pero el comerciante es famoso por engañar a sus clientes.
☐ c. Un vecino conocido por ser muy mentiroso no se fía de ti porque cree que mientes.
☐ d. Alguien ha hecho una pintada ofensiva contra un profesor en la pizarra y han castigado a toda la clase.

unidad 6
El planeta herido

 Comprensión lectora

1 **LEE el texto y CONTESTA a las preguntas.**

La capital genera 1,5 millones de toneladas de residuos al año. Cada madrileño produce 430 kilos. El ayuntamiento de Madrid lanza una campaña para reducir la "producción" de restos.

Ponga a dieta su cubo de basura

Los Pérez son una familia tipo: los padres, los dos chicos adolescentes y un perro incomprendido que les sirve de compañía. O no. Viven en un piso medio de un barrio madrileño. Los sábados van a un centro comercial a consumir. Van en coche y compran provisiones para toda la semana. Bien lleno el carro de bolsas, envases de plástico, cartón y otros elementos contaminantes, pagan – con tarjeta, claro – y se vuelven a casa.
Los Pérez tienen un solo cubo de basura. Televisiones tienen dos, pero cubos de basura uno, porque nadie les ha explicado que deban tener dos, o tres o cuatro o seis. Paz González les puso ayer los puntos sobre las íes a los Pérez y a toda la guía telefónica de la capital. Que si no separamos la basura, que si compramos todo envuelto en envases innecesarios, que si *reciclar* es un verbo que no conjugamos.
Con esa actitud, generamos entre todos 1,5 millones de toneladas de residuos al año. El 89% en nuestros hogares. ¿Eso es mucho? Equivale a una montaña de ocho metros de altura que ocupe toda la superficie del parque del Retiro. Usted verá.
Cada madrileño produjo en 2003 430 kilos de desperdicios. La tasa de generación de residuos por habitante en 2004 ha descendido: 402 kilos al año, 1,1 al día. Los Pérez solos, 1600 kilos. Sin contar el perro.
Con que cada ciudadano adelgazara su cubo de basura 90 gramos a la semana se dejarían de producir 14.000 toneladas de detritus al año. Equivale esto, según Ángel Sánchez, director gerente de Sostenibilidad y Agenda 21, a toda la basura generada en 365 días por una localidad de 28.000 habitantes.
González y Sánchez han llamado a la conciencia de los Pérez para decirles cómo deben modificar sus hábitos: a la compra se va con el carrito, la fruta, la verdura, las aceitunas y los panchitos, a granel. Los envases se pueden suprimir. Adquieran formatos grandes – mejor una garrafa de aceite de cinco litros que cinco de un litro –, compre lo necesario.

El Mundo, 21-10- 2004.

a. ¿Qué quiere decir el título del artículo?

   1. ☐ Que la basura que generamos debería ser menor.

   2. ☐ Que los cubos de basura deberían ser más delgados.

b. ¿Quiénes son los Pérez?

   1. ☐ Una familia concreta.   2. ☐ Una familia cualquiera.

c. ¿Qué significa la frase: "poner los puntos sobre las íes"?

   1. ☐ Matizar, puntualizar sobre un tema que no está lo suficientemente claro.

   2. ☐ Corregir la ortografía de los ciudadanos.

d. "*Reciclar* es un verbo que no conjugamos" significa:

   1. ☐ Que no conocemos ese verbo.   2. ☐ Que no lo ponemos en práctica.

e. "Usted verá" quiere decir:

   1. ☐ Está en sus manos lo que se debe hacer.

   2. ☐ Usted sabrá lo que hace.

f. Si compramos las aceitunas y los panchitos a granel, los compramos:

   1. ☐ Envasados   2. ☐ Sueltos

Comprensión auditiva

1 **ESCUCHA el testimonio de una superviviente de la peor tragedia que ha sufrido Colombia en su historia y MARCA la opción correcta.**

a. Lupe Coronado es una superviviente de la tragedia que sufrió Colombia...

    1. ☐ aunque en ella apenas se aprecian rastros de la desgracia.

    2. ☐ y en su rostro se aprecia el sufrimiento que padeció.

b. ¿Qué pasó el 13 de noviembre de 1985?

    1. ☐ Una avalancha de un río cerca de Bogotá borró del mapa la ciudad de Armero.

    2. ☐ La erupción de un volcán y la lava borraron del mapa la ciudad de Armero.

c. Hubo ...

    1. ☐ cientos de miles de muertos.   2. ☐ decenas de miles de muertos.

d. El gobierno declaró el estado de emergencia...

    1. ☐ pero los programas de ayuda nunca tuvieron la efectividad esperada.

    2. ☐ pero no contó con la ayuda y solidaridad internacional.

e. Cada 13 de noviembre...

    1. ☐ los familiares de los afectados y fallecidos celebran una misa.

    2. ☐ los familiares depositan flores junto a las tumbas de sus fallecidos.

f. Lupe logró salvar a su hija Francia, pero...

    1. ☐ perdió su casa y al resto de su familia.   2. ☐ perdió su casa y a su esposo.

g. Lupe Coronado es una de las víctimas que se distribuyeron por todo el país...

    1. ☐ con la esperanza de empezar una nueva vida con sus ahorros.

    2. ☐ con la falsa esperanza de recibir ayudas para vivienda y empleo.

Gramática

1 **RELACIONA las dos partes de la frase.**

a. *Don Quijote* es una gran novela,
b. El abogado quería hablar conmigo
c. Todo el mundo sabe a estas alturas
d. Que consiguieras la beca este año
e. Fue un tremendo error financiero
f. Era completamente cierto

1. lo de invertir en esos terrenos.
2. es de lo mejor que se ha escrito.
3. todo lo que publicaba el periódico.
4. lo perjudicial que es el tabaco.
5. de lo de nuestro divorcio.
6. sería lo mejor para ti.

2 **ESCRIBE el contrario de los adjetivos y verbos. Utiliza *i–, im–, in–, ir– des–*.**

Ejemplo: Responsable   irresponsable

a. Oportuno ....   e. Posible ....   i. Mortal ....

b. Componer ....   f. Resistible ....   j. Experto ....

c. Obediente ....   g. Relevante ....   k. Potente ....

d. Sensible ....   h. Enchufar ....   l. Lógico ....

3 **ESCRIBE el adjetivo de los siguientes nombres. Utiliza** *al, –ble, – ico/–a , –ivo/–a, –nte, –oso/–a.*

Ejemplo: Habitabilidad   habitable

a. Destrucción   ....   e. Horror   ....   i. Dolor   ....
b. Representación   ....   f. Conveniencia   ....   j. Comercio   ....
c. Agrado   ....   g. Evidencia   ....   k. Economía   ....
d. Crimen   ....   h. Hábito   ....   l. Volcán   ....

4 **ELIGE el sufijo adecuado para formar sustantivos.**

	-eza	-ismo	-cia	-ción	-dad	-bilidad
a. bello	*belleza*					
b. consumista		*consumismo*				
c. violento			*violencia*			
d. educar				*educación*		
e. voraz					*voracidad*	
f. probable						*probabilidad*
g. construir						
h. duro						
i. liberal						
j. informar						
k. crudo						
l. realista						
m. posible						
n. capaz						
o. impermeable						
p. inteligente						
q. igual						

5 **COMPLETA las frases con el verbo en Indicativo.**

a. A pesar de que .... (comer, él) mucho, no engorda ni un gramo.
b. Aunque .... (estudiar, ella) poquísimo, siempre saca buenas notas.
c. Por más que .... (esforzarse, ellos), no consiguen entregar nunca los pedidos a tiempo.
d. Aún cuando .... (asegurarme, tú) que me decías la verdad, no te creía por completo.
e. Si bien .... (encantarme) la cocina vasca, debo confesar que para mí la mejor es la gallega.
f. Por mucho que la profesora .... (decirles) que se callen, ellos nunca hacen caso.

6 **RELACIONA las dos columnas y TERMINA las frases usando el modo y el tiempo adecuado.**

a. El viernes que viene me voy de puente, aunque...
b. Mi prima María tiene mucha suerte. Por mucho que...
c. Iremos a esquiar en Navidad, aunque...
d. No convencerás al jefe para que te ascienda, por más que...
e. Es el dinero que hemos conseguido, por poco que...

1. (comer, ella), nunca engorda.
2. (hacer) mal tiempo.
3. (tener, yo) mucho trabajo.
4. (parecer).
5. (insistirle, tú).

7 COMPLETA las frases con el verbo en el tiempo adecuado de Subjuntivo.

a. Aunque .... (tener, yo) menos días de vacaciones en el extranjero, me compensa irme a trabajar allí.
b. Su tutor sabía que por mucho que .... (empeñarse, ella), nunca acabaría el Bachillerato.
c. Por más que .... (alabarla, tú), no conseguirás que se ablande.
d. Mi padre dijo que aunque .... (llover), iríamos al zoo.
e. Marcos era brillante. Por muy difícil que .... (ser) el examen, él siempre aprobaba con matrícula.
f. Aunque .... (conocer, yo) al director desde hace varios años, nunca le hablaría de tú.
g. Por extraño que .... (parecerte), nunca he ido a ver una corrida de toros.

Léxico

1 COMPLETA el texto con la opción correcta.

Filipinas: 1.000 muertos y desaparecidos por un tifón

Manila.- Más de mil personas han muerto o han desaparecido en las inundaciones y (a) ....
de tierra que han devastado tres ciudades costeras en el este de Filipinas, según informó ayer
un (b) .... militar, el teniente coronel Buenaventura Pascual. Los residentes de los pueblos
(c) .... han tenido que huir a tierras altas para escapar de un poderoso (d) .... que los azota
con lluvias y vientos y amenaza con más destrucción.
La Cruz Roja de Filipinas ha hecho un (e) .... internacional con el fin de conseguir ayuda de
(f) .... para los afectado por los tifones. El presidente de esta institución, Richard Gordon, dijo
que Filipinas necesita al menos un millón de dólares para (g) .... la grave crisis humanitaria.
Los medios locales y las organizaciones no gubernamentales (ONG) (h) .... en que la defores-
tación a causa de la tala (i) .... es una de las razones de que se hayan producido tantos corri-
mientos de tierra y de que una gran parte del (j) .... esté anegado.

El Mundo, 3-12-2004.

a.	1. deslizamientos	2. extensiones	3. acaparamiento
b.	1. soldado	2. portavoz	3. civil
c.	1. infectados	2. afectados	3. controlados
d.	1. monzón	2. ciclón	3. tifón
e.	1. llamamiento	2. comunicado	3. listado
f.	1. garantía	2. emergencia	3. solidaridad
g.	1. mejorar	2. valorar	3. aliviar
h.	1. coinciden	2. señalan	3. sostienen
i.	1. masiva	2. contada	3. incontrolada
j.	1. archipiélago	2. estuario	3. desembocadura

2 ASOCIA las palabras con su definición.

1. Islote   2. Península   3. Archipiélago   4. Estuario   5. Marea   6. Meseta   7. Ría

☐ a. Extensión de tierra rodeada de agua excepto por una zona estrecha con la que se une a otro territorio.
☐ b. Planicie o llanura situada a una cierta altitud sobre el nivel del mar.
☐ c. Penetración del mar en la desembocadura de un río debida al hundimiento de esa zona de la costa.
☐ d. Conjunto de islas cercanas entre sí.
☐ e. Isla pequeña y despoblada. Peñasco grande que sobresale del mar.
☐ f. Desembocadura de un río caudaloso en el mar, caracterizada por tener forma de embudo.
☐ g. Movimiento periódico y alternativo de ascenso y descenso de las aguas del mar.

3 **UTILIZA las palabras rellenando los huecos.**

a. La .... castellana tiene una altura media de seiscientos metros sobre el nivel del mar.
b. Las .... gallegas son conocidas por sus exquisitos mariscos y sus bellas playas.
c. La desembocadura del río Tajo en Lisboa es un ....
d. Los marineros temían que el oleaje empujara el barco contra el ....
e. Me gustan mucho las playas del Cantábrico cuando está la .... baja porque la vista es preciosa.
f. España y Portugal forman la .... Ibérica.
g. Son muchos los turistas que visitan cada año el .... balear, sobre todo, Mallorca e Ibiza.

Frases hechas

1 **LEE las siguientes frases hechas y DESCUBRE su sentido.**

1. *Al mal tiempo, buena cara:* hay que recibir con tranquilidad los reveses de la fortuna.
Ejemplo: Mi padre pasó muy malos momentos cuando lo echaron del trabajo, pero siempre puso al mal tiempo, buena cara.

2. *Caer chuzos de punta:* llover mucho y muy fuerte.
Ejemplo: Ayer no pudimos ir de excursión al campo con el colegio. No sabes cómo llovía, caían chuzos de punta y la directora pospuso la excursión hasta que el tiempo fuera mejor.

3. *Como caído del cielo:* aparecer una persona o una cosa cuando más hace falta.
Ejemplo: Como estaba en una situación económica muy mala, esta herencia me vino como caída del cielo.

4. *Hacer leña del árbol caído:* criticar duramente a alguien que ha tenido un fracaso.
Ejemplo: Después del fracaso del proyecto que presentó Virginia, todo el mundo la criticó y la tachó de inepta. No me gusta la gente que hace leña del árbol caído.

5. *Tragar la tierra:* se dice de alguien a quien no se ve desde hace mucho tiempo o no frecuenta los lugares que visitaba antes.
Ejemplo: ¡Hombre, Jorge, cuánto tiempo sin verte! ¿Dónde te has metido? Parece como si te hubiera tragado la tierra.

2 **COMPLETA con las frases hechas utilizando el tiempo y la forma adecuada.**

a. Mi hermana Esmeralda tiene un gran defecto. Le gusta machacar a las personas incluso cuando están en sus puntos más bajos, o sea que ....

b. Soy una persona muy optimista y aunque me vayan mal los negocios yo siempre pongo ....
....

c. Hacía meses que no me encontraba con mi vecina en el ascensor. Parecía como si ....
....

d. Ganamos el tercer premio del concurso que, aunque no era mucho dinero, nos vino ....
....

e. ¡Qué aguacero! Yo no salgo de casa esta tarde. Están ....
....

unidad 7
Pensando en ti

1 LEE los resúmenes de dos telenovelas argentinas y señala a cuál de ellas CORRESPONDE cada afirmación. Si corresponde a las dos, márcalas ambas.

1

Alas, poder y pasión

Una historia que combina pasiones reprimidas y conflictos familiares con altas dosis de suspense policial, espionaje y luchas por el poder.

Germán es piloto de aviación. Trabaja en una pequeña compañía de taxi aéreo que opera en Misiones y que está a punto de ser absorbida por una gran empresa, cuyo titular es su propio padre, Lucas Esquivel. Padre e hijo están distanciados desde hace cinco años por las intrigas de Gala, segunda mujer de Lucas. En su complot contra Germán, la malvada cuenta con la complicidad de Matías, hermano de Germán y novio de Cecilia. Ella es hija del socio de Lucas y de la desequilibrada Magdalena y trabaja como ejecutiva en la empresa paterna.

El conflicto arranca cuando Cecilia viaja a Iguazú para ver cómo funciona la compañía que van a comprar. Pero ese vuelo será saboteado. Tras el accidente, Germán y Cecilia atravesarán la selva buscando ayuda para el resto del pasaje, y se enamorarán.

2

Primer amor

Fue una telenovela muy interesante y con muy buenos actores, aunque ellos no sean precisamente actores de este tipo de género. Quizás este fue uno de los motivos por los cuales esta telenovela no tuvo el éxito que se merecía.

Él era un hombre rico pero muy triste que tenía una mujer muy enferma y ella era una chica que trabajaba en un cabaret. Un día ellos se conocieron y se enamoraron, pero tenían un gran inconveniente: él no sólo estaba casado sino que su mujer estaba gravemente enferma y en ese estado no la podía dejar, además de que toda la familia de él estaba en contra de esta relación. Ella se queda embarazada pero decide salir adelante sola y se va a Mendoza (provincia de Argentina) junto a una pareja de amigos, donde logra su objetivo. Luego pasan cinco años y ellos se reencuentran y a pesar de todo lo que vivieron, con el tiempo vuelven a amarse.

	1	2
a. Sabemos que no fue un gran éxito.	☐	☐
b. El tema puramente romántico se mezcla con otros temas.	☐	☐
c. El protagonista es hijo de un hombre rico y poderoso.	☐	☐
d. La protagonista lucha por sobrevivir.	☐	☐
e. Uno de los protagonistas está casado.	☐	☐
f. Los protagonistas acaban enamorándose.	☐	☐

Comprensión auditiva

 ESCUCHA la entrevista a la autora Alejandra Vallejo-Nágera, en la que habla sobre la relación de pareja, y CONTESTA a las preguntas.

a. ¿Qué es más importante, el aspecto psicológico o el biológico en el amor?

1. ☐ El aspecto psicológico.
2. ☐ Los dos son igualmente importantes.
3. ☐ El aspecto biológico.

b. ¿Qué clase de relación está de moda?

1. ☐ La profunda y duradera.
2. ☐ La intensa y apasionada.
3. ☐ La rápida y egoísta.

c. Para buscar el amor a largo plazo hace falta, entre otras cosas, ...

1. ☐ Sintonía afectiva.
2. ☐ Complicidad intelectual.
3. ☐ Atracción física.

d. ¿Qué afirmación es falsa, según la entrevistada?

1. ☐ Los polos opuestos se atraen.
2. ☐ En lo básico hay que coincidir.
3. ☐ No puede uno estar peleando todo el día.

e. ¿Qué hábito se da más entre las mujeres que entre los hombres?

1. ☐ Pretender que te entiendan sin decir nada.
2. ☐ Intentar comprender a los hombres aunque no hablen.
3. ☐ Hablar mucho sin entender lo que dices.

> Obras más destacadas de A. Vallejo-Nágera
>
> *Mi hijo ya no juega, solo ve la televisión* (1987), *El amor no es ciego* (1998), *Los lagartijos* (1998), un delicioso relato para niños, *¿Odias las matemáticas?* y *Ciencia mágica.*

Gramática

1 ELIGE el pronombre adecuado: *qué, cómo, cuánto (–a, –os, –as), quién, tan, tanto (–a, –os, –as)* para completar las siguientes oraciones exclamativas.

a. ¡...... tocas el piano! Pareces una pianista profesional.
b. ¡...... gente! Yo creía que estaríamos solos aquí en este bosque.
c. ¡...... mala está esta sopa! Tiene demasiada sal.
d. ¡Te quiero ....! Por favor, no me desprecies.
e. ¡Eres .... inocente! ¿Cómo te puedes creer todo lo que te dicen?
f. ¡......... amigos tienes! No caben todos en la discoteca.
g. ¡Qué hermana ...... simpática tienes! Me cae fenomenal.

2 RELACIONA los principios de frase con sus finales.

a. Juan corre como si
b. Me miras como si
c. Se quedaron mirándonos como si
d. El libro estaba destrozado, como si
e. El coche brillaba como si
f. La situación era muy rara, era como si

1. lo hubieran pisoteado.
2. lo hubieran lavado con cera.
3. habláramos sin entendernos.
4. fuera un monstruo.
5. le persiguiera un perro rabioso.
6. nos conocieran.

3 COMPLETA las frases con los verbos en su forma adecuada.

a. Se escriben todos los días, como si …… (ser) novios, aunque llevan veinte años casados.
b. El chico reconoció a su hermana inmediatamente, como si…… (no pasar) ni un día desde que se separaran cuando eran pequeños.
c. Se quedó callado, como si se …… (tragar) la lengua.
d. Estábamos a mediados de febrero y hacía calor, como si …… (estar) en verano.
e. Estás satisfecho contigo mismo, como si …… (descubrir) el Mediterráneo.
f. Me dice que no hablamos lo suficiente, ¡como si …. (hacer) falta hablar para sentir ciertas cosas!

4 COMPLETA los espacios con *se, me, te, lo, la, le, nos, os, los, las, les.*

a. A mis hermanos no …… gusta que use su habitación.
b. La verdad es que a ti ……   …… ocurren ideas muy raras.
c. En los lugares de trabajo no …… puede fumar.
d. ¿Te acuerdas del reloj que me encontré? ……   …… regalé a un amigo.
e. A tus padres …… diste un susto anoche. No sabían dónde estabas.
f. Andrés, ……   …… advierto. No vuelvas a gastarme esa broma.

5 CONTESTA a las preguntas afirmativamente, pero cambiando lo subrayado por pronombres, como en el ejemplo.

Ejemplo: *¿Te ha dado Juan las entradas?*
                  *Sí, **me las** ha dado.*

a. ¿Vas a prestarme esos cedés?   ....
b. ¿Le has contado a Teresa lo de nuestro viaje?   ....
c. ¿Queréis darle vosotros el regalo a Borja?   ....
d. ¿Me ha entregado usted la factura?   ....
e. ¿Os han enviado ya los catálogos?   ....
f. ¿Te sabes la lección?   ....

6 CORRIGE el siguiente texto, decidiendo si hay que añadir *se*, quitarlo o dejar la oración como está.

Ayer se me ocurrió una cosa divertida. Iba yo en el autobús y delante de mí sentó un señor mayor. El autobús se iba lleno y la gente, de pie, se agarraba a los pasamanos para no caerse. De repente se sonó un móvil. Algunos empezaron a mirar los bolsillos para sacar su móvil, pero les costaba porque si no agarraban, podían perderse el equilibrio.
La gente empezaba a extrañar porque nadie contestaba y ese móvil no dejaba de sonarse. Después de un rato así, le gente empezó a reírse, porque la situación era cómica. Al final, el señor que había sentado delante de mí metió la mano en el bolsillo, sacó un audífono y lo puso en la oreja. Entonces oyó el móvil, y rápidamente volvió a meter la mano en el bolsillo. Esta vez sacó el móvil que se seguía sonando, y se contestó.

Léxico

1 RELLENA los huecos con palabras del recuadro. Hay cinco palabras que no tienes que utilizar.

a. abogado	e. amor	i. decía	m. entrevistas	q. escritor
b. gusto	f. hasta	j. héroe	n. mar	r. merecía
c. novelas	g. palabras	k. pescados	o. poeta	s. respeto
d. río	h. sin	l. sobre	p. tiempo	t. trabajaba

Entonces (1)...... yo como redactor cultural de un diario de quinta categoría [...] En las oficinas húmedas de esa redacción agonizaban cada noche mis ilusiones de ser (2)....... Permanecía hasta la madrugada empezando nuevas (3)...... que dejaba a mitad de camino desilusionado de mi talento y mi pereza [...]

El director decidió encargarme una nota a orillas del (4)......, que me permitiera una semana al sol, viento salino, mariscos, (5)...... frescos, y de paso importantes contactos para mi futuro. Se trataba de asaltar la paz costeña del (6)...... Pablo Neruda, y a través de (7)...... con él, lograr para los depravados lectores de nuestro pasquín algo así, (8)...... de mi director, como" la geografía erótica del poeta".

Durante las tardes iba a escribir la crónica (9)......... Neruda y por las noches avanzaría mi novela (10)...... terminarla. Más aún, me propuse algo que concluyó en obsesión, y que me permitió además sentir una gran afinidad con Mario Jiménez, mi (11).........: conseguir que Pablo Neruda prologara mi texto.

El sabroso reportaje a Neruda no fue viable [...] Con una amabilidad que no merecía la bajeza de mis propósitos me dijo que su gran (12)...... era su esposa actual, Matilde Urrutia, y que no sentía ni entusiasmo ni interés por revolver ese "pálido pasado", y con una ironía que sí (13)...... mi audacia de pedirle un prólogo para un libro que aún no existía, me dijo poniéndome de patitas en la puerta: "con todo (14)......, cuando lo escriba".

En la esperanza de hacerlo, me quedé largo (15)...... en isla Negra, y decidí merodear la casa del poeta y de paso merodear a los que la merodeaban. Así fue como conocí a los personajes de esta novela.

Antonio Skármeta, *El cartero de Neruda*. Plaza y Janés 1996. (Prólogo del autor).

2 RELACIONA las frases de la izquierda con las respuestas de la derecha.

a. ¿Malas noticias?
b. ¿Me permite usted?
c. ¿Bromea usted?
d. Necesito ayuda.
e. Te gusta esa chica, ¿eh?
f. ¿Te cae mal mi novio?

1. Con mucho gusto.
2. ¡Qué va!, ¡formidables!
3. La verdad es que sí.
4. ¿En qué puedo servirle?
5. ¡Qué va! Es muy simpático.
6. Hablo en serio.

3 COMPLETA las frases con palabras del recuadro en la forma adecuada.

| 1. aburrido | 2. alegre | 3. apasionado | 4. arrepentido | 5. celoso | 6. desesperado |
| 7. enamorado | 8. enfadado | 9. enfurruñado | 10. feliz | 11. impaciente | 12. triste |

a. Julián dejó a su novia, pero ahora está .... Dice que se acuerda mucho de ella.

b. Están .... por casarse. Llevan diez años de novios.

c. No te pongas ...., amor mío. Sólo se trata de una amiga de la universidad.

d. Manu está muy .... Su novia lo ha dejado, y la echa de menos.

e. Chico, estoy francamente ...., no sé lo que voy a hacer. Estoy dispuesto a todo.

f. Mis padres están muy .... conmigo. Me he portado fatal con ellos, la verdad.

g. Esta es una canción muy .... Te levanta el ánimo escucharla.

h. Y al final se casaron, fueron .... y comieron perdices.

i. El niño está .... porque le hemos castigado, pero pronto se le pasará.

j. Llevamos dos horas viendo fotos. Ya estoy ....

k. Carlos es un hombre .... Cuando se enamora no sabe lo que hace.

l. Da gusto ver al recién casado. Se ve que está muy .... de ella.

Frases hechas

1 RELACIONA los principios y finales de estos refranes.

1. *Desgraciado en el juego...*
2. *Contigo, ...*
3. *Amor, ...*
4. *Amor por interés, ...*
5. *Obras son amores, ...*
6. *Amor de lejos, ...*

a. *... pan y cebolla.*
b. *... con amor se cura.*
c. *... y no buenas <u>razones</u>. (Palabras)*
d. *... afortunado en amores.*
e. *... amor de <u>pendejo</u>. (Tonto)*
f. *... se acaba en <u>un dos por tres</u>. (Enseguida)*

2 LEE estas situaciones y RELACIONA cada una con uno de los refranes del ejercicio 1.

a. ¿Sabes que se ha echado novio Irene? Vive en Toledo, a trescientos kilómetros. ☐

b. Estaba muy triste porque le había dejado Raquel, pero acaba de conocer a otra chica y se ha olvidado de ella. ☐

c. ¡Qué mala racha tengo! Cinco partidas sin ganar. ☐

d. No tienen ni un duro, pero se les ve felices. ☐

e. Yo creo que se ha casado por dinero. ☐

f. Me dice que me quiere pero no me lo demuestra de ninguna forma. ☐

unidad 8
Mujeres en la encrucijada

 **Comprensión lectora y auditiva**

LEE el texto y CONTESTA a las preguntas.

Claves para hacer compatible trabajo y familia: conciliar para vivir mejor.

Consciente del retraso en materia de conciliación e igualdad de género con los países de nuestro entorno, el Gobierno ha lanzado un plan de 53 medidas para hacer compatibles, tanto para los hombres como para las mujeres, el desarrollo de una carrera profesional libremente elegida con el cuidado de la familia.

Uno de los objetivos de este plan es la conciliación entre trabajo y vida, como ya muchos puntualizan, independientemente de la existencia o no de una familia, hijos o parejas. Se trata de ser la punta de lanza para atajar un problema por el cual todos los años miles de mujeres abandonan sus puestos de trabajo para dedicarse al cuidado de hijos y mayores.

Las parejas hoy consiguen compartir las tareas domésticas. Pero, ¿qué hacer con los hijos cuando ambos trabajan? Para conseguir una sociedad mejor necesitamos dar atención a nuestros hijos, transmitiéndoles valores. Pero ¿cómo vamos a dedicarles tiempo a los niños si nos pasamos la vida trabajando?

La incorporación de la mujer al trabajo ha motivado un cambio social profundo. Aportar dos sueldos a la familia ya no es un lujo, sino una necesidad.

La realidad es que las mujeres firman menos contratos indefinidos, reciben retribuciones más bajas y sólo representan la tercera parte de los puestos directivos. Sin embargo, el índice femenino de matriculación universitaria asciende al 53 por ciento, y los porcentajes de población activa con titulación superior son similares. El Instituto de la Mujer ha promovido el Programa Óptima de Igualdad de Oportunidades en las Empresas. Uno de los objetivos es el de incorporar estrategias que permitan a las trabajadoras compatibilizar sus responsabilidades laborales y familiares. Hoy ya son 65 las empresas que participan en Óptima.

Muface, mayo 2005, nº 198.

a. ¿Cuáles son las claves para hacer compatible el trabajo y la familia?
....

b. ¿Qué significa *conciliar*?
    1. Conformar dos posturas opuestas   ☐   2. Recuperar lo que no se tiene   ☐

c. ¿Está España a la par en temas de igualdad con los países vecinos?
....

d. ¿Qué problema es el que se quiere atajar?
....

e. Según el texto, ¿cómo se puede conseguir una sociedad mejor?
....

f. ¿Qué ha supuesto la incorporación de la mujer al mundo laboral?
....

g. Al principio del último párrafo se exponen algunas contradicciones, ¿cuáles?
....

h. ¿Cuál es la finalidad del Programa Óptima?
....

2 ESCUCHA las intervenciones de estas dos especialistas y COMPLETA los huecos.

¿Son incompatibles el éxito profesional y la maternidad?

Frente a frente:

Rocío Rodríguez, socióloga, y **Elena Bustillo**, presidenta de la Federación Nacional de Asociaciones de Mujeres para la Democracia, debaten sobre el regreso al hogar, las políticas de ayuda a la mujer y las dificultades para compaginar el trabajo y la vida familiar. (Interviene primero Elena Bustillo).

[...]

- Elena Bustillo: Es cierto que las mujeres hemos cambiado más que los hombres, pero nosotras tenemos mayor (1) .... que ellos. Podemos estar trabajando y a la vez (2) .... de ir a recoger a los niños. Por otro lado, la mujer que se va a casa suele tener una posición (3) .... alta, la de una situación más baja no puede permitírselo, aunque quiera.

- Rocío Rodríguez: Este movimiento viene del (4) .... de la diferencia. Ellas parten del presupuesto de que hay un saber, unos valores femeninos (5) .... y genéticos. Si una mujer independiente decide volver, es porque lo ha (6) .... Pero no creo que haya una cuestión genética, sería absurdo que la naturaleza hubiera decidido que estamos hechas para (7) .... y planchar. Es una línea conservadora muy cuestionable en la sociedad actual.

3 Según lo que has escuchado, ¿quién DICE cada una de estas afirmaciones: Rocío Rodríguez o Elena Bustillo?

	R	E
a. "Hay que esforzarse para conciliar el trabajo y la vida familiar".	☐	☐
b. "Las norteamericanas tienen más facilidades para la reincorporación".	☐	☐
c. "La cuestión clave está en por qué los hombres no participan en los asuntos domésticos".	☐	☐
d. "El contrato a tiempo parcial tiene sus problemas, pero es una gran ayuda para la mujer".	☐	☐
e. "Los jóvenes creen que de verdad hombres y mujeres son iguales, pero es falso y se nota cuando llega el primer hijo".	☐	☐

ñ Gramática

1 FORMA frases como en el ejemplo. ¿Qué hubiera pasado si...?

Ejemplo: *La nueva inquilina no pagó el recibo del agua. Se la han cortado esta mañana.*

Si la nueva inquilina hubiera pagado el recibo del agua, no se la habrían cortado.
Si la nueva inquilina hubiera pagado el recibo del agua, no se la hubieran cortado.

a. No miraste el calendario. No te acordaste de que ayer era fiesta local.

....

b. Comiste demasiado el día de tu cumpleaños. Vomitaste por la noche.

....

c. No hiciste una oferta razonable. Otra persona compró el piso que tú querías.

....

d. No llamaste a tu familia. No te enteraste de que tu madre estaba enferma.

....

e. Mis amigos no me invitaron a la fiesta. Me quedé en casa aburrido.

....

f. El Primer Ministro era un inepto. Lo destituyeron ayer.

....

2 ESCRIBE frases explicando lo que habrías hecho.

a. ¿Qué hubieras hecho en esta situación?

> **Miedo en la autopista**
> María Navarro iba por la autopista A8 rumbo a su ciudad natal cuando de pronto oyó que el motor de su coche hacía un ruido raro. Era de noche y estaba cansadísima. Por si fuera poco, se dio cuenta de que no llevaba el teléfono móvil en el bolso, así que paró el coche y vio que había un teléfono de primeros auxilios al otro lado de la autopista, que tenía tres carriles a cada lado.

....

b. ¿Y si hubieras ido como invitada a una fiesta de disfraces (tú ibas disfrazada de Blancanieves) y nadie hubiera aparecido disfrazado?

....

c. ¿Y si hubieras querido invitar a cenar al jefe y cuando ibas a pagar tu tarjeta de crédito hubiera sido rechazada?

....

3 COMPLETA con el verbo en la forma adecuada.

a. Como no .... (hacer, tú) los deberes del colegio ahora mismo, no te dejaré ver la tele esta noche.
b. Mientras no .... (contarme) lo que ha sucedido, te quedarás aquí.
c. En caso de que .... (quedarte) sin dinero, usa mi tarjeta de crédito.
d. Podéis venir a jugar a las cartas tú y tus amigos con tal de que no .... (comer) todo lo que hay en el frigorífico.
e. Puedes llegar a comer un poco más tarde a condición de que .... (recoger) la cocina.
f. Te esperaré en el sitio acordado, siempre que no .... (comunicarme) lo contrario.

4 ELIGE el nexo adecuado entre los siguientes.

Siempre que   Como   Con tal de que   A condición de que   Mientras   En caso de que

a. Mándame un mensaje por el móvil .... no puedas llegar a tiempo a clase.
b. Te prestaré mi chaqueta de cuero nueva .... la trates con mucho cuidado.
c. .... no vengas pronto, me marcharé sin ti.
d. .... no llueva, el campo seguirá estando seco.
e. Ven a visitarme .... te apetezca y tengas un rato libre.
f. Haré cualquier cosa por mis hijos .... sean felices.

5 SUBRAYA la forma correcta.

a. Puede que a tu madre no le *haya gustado / gustaría* que no la llamaras el Día de la Madre.
b. Tal vez me *compra / compre* una moto para circular por la ciudad.
c. Es posible que me *ofrecen / ofrezcan* un empleo en la sucursal que tiene la compañía en Zamora.
d. Seguramente mi hija *deje / dejará* de trabajar cuando tenga el niño.
e. Probablemente la empresa *prejubila / prejubilará* a los trabajadores mayores de cincuenta y cinco años.
f. Es bastante probable que la reunión *empezó / haya empezado* ya, puesto que las puertas están cerradas.

6 **RELLENA los huecos con el conector más adecuado para enumerar argumentos.**

Enumeraciones de argumentos:	Conclusiones:	Contradicción:
En primer lugar, ... En segundo lugar, ...	En definitiva,	Pero
Para empezar, ... Además, ...	En resumen,	Sin embargo,
Por una parte, ... Por otra parte, ...		
Así que... Por último, ...		

Valencia, 5 de agosto de 2005

Estimado señor Barranco:

Escribo esta carta para poner de manifiesto los problemas con los que nos encontramos en su hotel cuando usted, como gerente, se encontraba ausente.

(a) ...., cuando reservé las habitaciones dejé bien claro que quería una habitación doble con cama supletoria y una individual, pero que estuvieran comunicadas. Cuando llegamos al hotel nos informaron de que las habitaciones estaban separadas, y (b) ...., en pisos diferentes.

(c) ...., me dijeron que el hotel disponía de rampa para minusválidos. (d).........., cuál fue nuestra sorpresa cuando la silla de ruedas de mi padre no podía subir por ningún lado.

(e).........., al hacer la reserva me informaron de que el desayuno estaba incluido en el precio de la habitación, (f).........., por lo visto, no era cierto.

(g).........., quiero expresarle mi malestar por todas las molestias e incomodidades que hemos sufrido y exigirle una compensación económica por el trato que sus empleados nos dispensaron.

Sin nada más que tratar, se despide atentamente,

Miguel Navarro Cáceres

 Léxico

1 **COMPLETA las frases eligiendo la palabra del recuadro más adecuada.**

1. una bonificación 2. jubilación anticipada 3. otro empleo mejor remunerado	
4. otras empresas pequeñas 5. ir a la huelga 6. sustituto igual de cualificado	

a. Probablemente, en las condiciones actuales de crisis lo más complicado sea encontrar para ese puesto un .... que el anterior.

b. En un futuro no muy lejano tal vez me busque .... que el que tengo ahora.

c. Puede que a los cargos directivos mayores de esta compañía les ofrezcan la ....

d. Seguramente mi empresa se fusionará con .... que estén en situación de crisis.

e. Quizás nuestro sindicato pida .... por las horas extras que hemos trabajado.

f. Lo más seguro es que los empleados decidan .... por el descontento general.

2 **LEE la carta y SUBRAYA el léxico que tenga que ver con el estado civil y las relaciones personales.**

Querida Vanesa:

Espero que estéis todos bien. En nuestra familia últimamente han ocurrido un montón de cambios que hubieran sido impensables hace unas décadas. Ángel y yo nos hemos separado, ya no nos aguantábamos ninguno de los dos. Él sale ahora con una chica mucho más joven que él y parece que van en serio. Por mi parte, yo he conocido a un señor que trabaja en un banco y que se acaba de divorciar. Se llama Antonio y es un encanto. Aún no somos novios, sólo somos buenos amigos. Por ahora es un ligue, nos lo pasamos bien juntos, pero no sé lo que durará.

¿Te acuerdas de Alfonso, mi primer ex-marido? Pues ha enviudado, menos mal que no tenían hijos, pobrecito. Su difunta esposa era encantadora. Mi ex-familia política está muy apenada.

Hablando de hijos, Antonio tiene dos de su primer matrimonio y con los dos míos, suponiendo que la relación se hiciera estable y nos fuéramos a vivir juntos, tendríamos más que suficiente. Yo ya no me siento con ganas de ponerme a criar otra vez por mucho que lo quiera.

En fin, Vanesa, todo son especulaciones. ¿Tú vas en serio con tu nueva pareja? ¿Oiremos pronto campanas de boda? Escríbeme y cuéntame cómo te va la vida.

Muchos besos.

Sonia

3 **REPASA las relaciones familiares.**

¿Qué otras relaciones familiares puedes formar con el prefijo *-ex*?
Ejemplo: ex-suegra, ...
Cuando alguien enviuda, el estado civil es de ..../ *a*.
La familia política la forman el cuñado, ...
¿Qué es un hijo adoptivo?, ¿Crees que las palabras *madrastra* / *padrastro, hermanastra* tienen un matiz positivo o negativo? ¿Por qué?

 ## Frases hechas

1 **DESCUBRE el sentido de las siguientes frases hechas.**

1. *Ahogarse en un vaso de agua:* no saber reaccionar ante una situación que no es complicada o preocuparse demasiado por un peligro insignificante.
Ejemplo: Hay muchos hombres que se ahogan en un vaso de agua cuando sus mujeres no están en casa y surge algún imprevisto.

2. *Caérsele la casa encima:* encontrarse a disgusto en casa, sentirse agobiado y querer salir.
Ejemplo: Como está preparando oposiciones y tiene que estudiar diez horas al día, no tiene tiempo para salir y a Beatriz se le cae la casa encima.

3. *No pintar nada:* no tener importancia, no desempeñar función alguna en un lugar, fiesta o reunión.
Ejemplo: Esta es una reunión de antiguos alumnos del colegio, así que tu novio no pinta nada aquí, él estudió en otro instituto.

4. *Tirar la toalla:* rendirse, darse por vencido.
Ejemplo: Llevo meses intentando organizar este departamento, pero estoy a punto de tirar la toalla, es una tarea imposible.

5. *Pagar el pato:* padecer un castigo que ha merecido otra persona o sufrir las consecuencias de algo sin tener la culpa.
Ejemplo: En mi trabajo siempre que hay un problema, las mujeres somos las que pagamos el pato.

2 **COMPLETA con una de las frases hechas (en algunos casos cambia el tiempo verbal).**

Después de tener a sus gemelos y de estar un año de baja por maternidad, a Carmen (a).....................
.... , necesitaba airearse y volver a trabajar. Su empresa había quebrado, o sea, que ya no tenía empleo. Estuvo buscando y buscando porque ella no es del tipo de personas que (b).................................... . Por fin, encontró un trabajo de mañana en un taller mecánico. Era estupendo, ya que tenía toda la tarde para estar con los niños, pero pronto se desanimó. Ella normalmente tiene muchos recursos y no (c).. . Pero todo tiene un límite, como era la nueva en el taller, ella siempre era la culpable de todo lo que ocurriera. En definitiva, que (d)...................................... por todo. Hasta que un día recapacitó y llegó a la conclusión de que (e).. en ese empleo. Le pidió al jefe que le liquidara y se marchó a la oficina de empleo a buscar un trabajo donde estuviera más considerada.

unidad 9
Periodismo de investigación

1 **LEE el texto y CONTESTA a las preguntas.**

En esta columna caben 48 breves líneas de mi ordenador, unas líneas tan valiosas como el oro por su visibilidad informativa. Ya he derrochado cuatro diciendo esto, un despilfarro en verdad acongojante si tenemos en cuenta que ni siquiera mil columnas bastarían para nombrar a todas las víctimas, para denunciar todas las injusticias de este mundo convulso. Reporteros Sin Fronteras (RSF) celebra mañana el Día de Apoyo a los Periodistas Encarcelados. Ahora mismo hay 128 entre rejas, de ellos 27 en China y 26 en Cuba. En lo que va de año, han muerto 45 periodistas y 14 colaboradores de medios informativos, y más de 1.450 reporteros han sido detenidos, golpeados, amenazados de muerte o secuestrados. Y con esto ya he consumido 16 líneas.

RSF tiene un sistema de apadrinamiento de periodistas presos, para que los medios hablemos de aquellos que perdieron su libertad por no dejar de hablar. Llevo un año siendo madrina del cubano Raúl Rivero, que continúa en la cárcel, acosado, maltratado y enfermo; y ahora me han propuesto un nuevo puñado de casos desoladores para que escoja. Me quedan 24 líneas y en ellas no hay espacio para tantas vidas rotas. Como la del chino Yang Zili, fundador de un sitio de Internet, detenido en 2001 y condenado a ocho años, al que ni siquiera han permitido volver a ver a su mujer desde que fue apresado. O el iraní Reza Alijaní, redactor jefe de una revista, detenido en junio de 2003 sin que se alegara ningún motivo para ello, y que sigue en prisión sin haber sido juzgado, sin poder ver a su familia y habiendo hablado solamente una vez con su abogado. Entre tanta brutalidad, decido amadrinar a Gao Qinrong, periodista de la agencia oficial de prensa china, un pobre hombre de 48 años, miembro del Partido Comunista, que creía en su sistema y en su país, y que en 1998 hizo un reportaje sobre un proyecto de irrigación en la región de Yuncheng y descubrió que era un fraude y que encubría una trama de corrupción de altos cargos del partido. Indignado, denunció el asunto, creyendo que la verdad triunfaría. Fue detenido y condenado a 13 años de cárcel. Continúa en prisión como todos los demás que no caben en estas pobres líneas y que gritan silenciosamente en la oscuridad.

Rosa Montero, *El País* (texto adaptado), 23-11-2004.

a. ¿A qué se dedica Reporteros Sin Fronteras?

....

b. ¿Qué dice el texto sobre 26 periodistas en Cuba y 27 en China?

1. Que sufren la censura ☐   2. Que viven fuera de su país ☐   3. Que están en la cárcel ☐

c. ¿Dice el texto por qué muchos reporteros sufren persecución o muerte?

....

d. ¿En qué consiste "apadrinar a un periodista"?

....

e. ¿Por qué tienen tanto valor las líneas escritas?

....

Comprensión auditiva

 ESCUCHA la audición y RESPONDE a las siguientes preguntas.

El periodista español Jon Sistiaga, (Irún, 1967) ha sido corresponsal de Tele 5 en diversos conflictos bélicos, como la guerra de Irak, donde vivió la muerte de su compañero José Couso, el camarógrafo fallecido durante la cobertura del conflicto. Es autor del libo *Ninguna guerra se parece a otra.*

a. Menciona dos motivos por los que un periodista quiere ser corresponsal de guerra.

b. Emilio Salgari y Julio Verne fueron dos .... de Jon Sistiaga.

c. ¿Por qué estallan las guerras?

d. ¿Hasta cuándo seguirá siendo Jon Sistiaga reportero de guerra?

e. ¿Dónde hay más riesgo en las zonas de guerra?

f. ¿Es completamente objetivo Jon Sistiaga?

g. ¿Tratan siempre como enemigo los bandos en conflicto al reportero de guerra?

h. ¿Qué opina Jon Sistiaga del miedo en su profesión?

 ## Gramática

1 RELLENA los huecos con la forma verbal adecuada (Imperfecto de Subjuntivo, Pretérito Plus-cuamperfecto de Subjuntivo, Pretérito Pluscuamperfecto de Indicativo).

a. Él me recomendó que (leer) .... esa noticia.

b. Se enteró ayer de que (conseguir) .... trabajo hace un mes.

c. Se asombró de que no le (llamar) .... antes.

d. Aunque me lo (anunciar) .... con mucha antelación, no habría podido asistir.

e. Si no me (avisar) .... tú, hoy no estaría aquí.

f. Aunque me lo (prometer) ...., no te creería.

2 REACCIONA con un Pluscuamperfecto de Subjuntivo.

Ejemplo: *Tú le prestaste dinero aunque sabías que no te lo iba a devolver.*
              Yo no se lo hubiera prestado.

a. Aceptó el trabajo, aunque tenía un sueldo muy bajo. Yo ....

b. Rechazó la oferta de vacaciones más barata del mercado. Yo ....

c. No quiso irse de vacaciones en todo el año. Yo ....

d. Dejó la carrera sólo por una asignatura. Yo ....

3 **En las siguientes expresiones, SUBRAYA la forma verbal adecuada.**

a. Me aseguró que *había visto / hubiera visto* la película.
b. Negó que *había visto / hubiera visto* la película.
c. Lamentó que no *había conseguido / hubiera conseguido* el trabajo.
d. Supo que *había conseguido / hubiera conseguido* el trabajo.
e. Creyó que *habíamos revelado / hubiéramos revelado* el secreto.
f. No creyó que *habíamos revelado / hubiéramos revelado* el secreto.
g. Aunque *había visto / hubiera visto* la película, sentí miedo al verla de nuevo.
h. Aunque *había visto / hubiera visto* a esa persona, no la habría reconocido.

4 **En las siguientes expresiones SUBRAYA la perífrasis verbal más adecuada.**

a. Ha aterrizado hace un minuto. El avión *está llegando / acaba de llegar*.

b. En estos momentos el director *está hablando / ha dejado de hablar* con el ministro.

c. El niño *está aprendiendo / va aprendiendo* la lección.

d. Ya puedes pasar. El director *está hablando / ha dejado de hablar* con el ministro.

e. No tengo hambre. *Acabo de comer / he dejado de comer*.

5 **SUSTITUYE la expresión subrayada por la perífrasis verbal más adecuada: *estar* + gerundio, *ir* + gerundio, *andar* + gerundio, *dejar de* + infinitivo, *acabar de* + infinitivo.**

Ejemplo: En este momento él no se puede poner al teléfono. (Él) se está duchando (ducharse).

a. Él cuenta muy orgulloso que va a conseguir el puesto. Él (decir) .... que va a conseguir el puesto.
b. El enfermo se recupera lentamente. El enfermo (mejorar) ....
c. Este periódico ya no informa de temas morbosos. Este periódico (informar) .... de temas morbosos.
d. Él ha salido hace un minuto. Él (salir) ....
e. Internet ha aumentado su implantación en España en los últimos tiempos. Internet (aumentar) .... su implantación en España.

 Léxico

1 **ELIGE el antónimo (contrario) de las palabras que aparecen en negrita.**

a. Es un artículo **inédito.**
    1. ☐ increíble   2. ☐ insólito   3. ☐ publicado

b. En una democracia no hay **censura** de prensa.
    1. ☐ conflicto   2. ☐ libertad   3. ☐ problemas

c. El reportero consiguió que su investigación fuera un **éxito.**
    1. ☐ fracaso   2. ☐ escándalo   3. ☐ entrada

d. Las imágenes las grabó un **aficionado** desde su casa.
    1. ☐ profesional   2. ☐ becario   3. ☐ estudiante

e. Las autoridades le **impidieron** filmar.
1. ☐ prohibieron   2. ☐ permitieron   3. ☐ aconsejaron

f. Era un **desconocido** antes de ganar el premio.
1. ☐ ignorante   2. ☐ principiante   3. ☐ famoso

g. En la rueda de prensa no admitió preguntas: fue un **monólogo** muy aburrido.
1. ☐ diálogo   2. ☐ discurso   3. ☐ intervención

h. El periodismo de investigación **ha desvelado** noticias muy importantes.
1. ☐ ha descubierto   2. ☐ ha revelado   3. ☐ ha ocultado

2 **DI el significado de las siguientes palabras en negrita.**

a. El **editorial** es un artículo de …
1. ☐ humor   2. ☐ anuncios   3. ☐ opinión

b. A veces en la televisión hay **documentales** muy interesantes.
1. ☐ reportajes   2. ☐ noticias   3. ☐ comentarios

c. Casi nunca hay noticias de cultura en la **portada** del periódico.
1. ☐ última página   2. ☐ primera página   3. ☐ titulares

d. García Márquez escribía en su periódico crónicas y una **columna** propia.
1. ☐ artículo de opinión   2. ☐ entrevista   3. ☐ reportaje

e. Sólo lee los **titulares** de los periódicos.
1. ☐ cabecera   2. ☐ letras de tamaño grande   3. ☐ resúmenes

3 **COMPLETA las frases con palabras que aparecen en el recuadro.**

1. a la venta   2. corresponsal   3. crónica   4. entrevista   5. enviado especial
6. noticia   7. revista   8. rueda de prensa   9. sección   10. tirada

a. El presidente ha organizado una .... para explicar sus proyectos económicos.

b. Su madre trabajó de .... en París muchos años.

c. El torero declaró en una .... que se retiraba de los ruedos.

d. Su hermano está de .... cubriendo las olimpiadas.

e. Esa .... sale todos los sábados.

f. Deportes no es una .... tan interesante como Sociedad.

g. Ese periódico se vende muy poco; ha bajado su ....

h. Las revistas del corazón están .... los jueves.

i. Todos los días manda una .... de la guerra.

j. La .... del día es el Oscar concedido a un director de cine español.

Frases hechas

1

RELACIONA cada refrán o expresión con su significado.

a. Aproximadamente.
b. Con dificultades.
c. Ser una información no comprobada.
d. Hablar muchísimo.
e. No dar una información.
f. Salirse del tema de la conversación.
g. Ser muy indiscreto.
h. Ser muy prudente.
i. Todo el mundo lo sabe.
j. Seguir en un lugar o una situación difícil cuando otros han abandonado.
k. Ser una fuente de información muy fiable.

Expresión idiomática	Significado
1. *Hablar de oídas*	c. Ser una información no comprobada.
2. *Estar al pie del cañón*	
3. *Saber de buena tinta*	
4. *Vox populi*	
5. *A ojo*	
6. *A trancas y barrancas*	
7. *Andarse con pies de plomo*	
8. *Irse de la lengua*	
9. *No soltar prenda*	
10. *Hablar por los codos*	
11. *Irse por las ramas*	

2

Ahora COMPLETA las siguientes frases con la expresión idiomática más adecuada.

a. Ese periodista no ha estudiado ni investigado nada; siempre ....

b. No para de hablar, es cierto, ...

c. -¿Estás seguro?- Sí, lo ....

d. Todo el mundo lo sabe. Es .... que ya se han divorciado.

e. Consiguió salir adelante con dificultad, ...

f. Es un asunto muy delicado; hay que ....

g. Ese periodista reveló la exclusiva antes de tiempo. .... y el director está muy enfadado.

h. Lo entrevisté, pero no me reveló nada nuevo, ... en toda la conversación.

i. El ministro no respondió directamente: .... cuando le preguntaron por los precios.

j. Esta empresa está en crisis y muchos se van, pero María sigue trabajando. Ella siempre ....

K. No me preguntes las cantidades de los ingredientes para esta tarta, la hago ....

unidad 10
De película

Comprensión lectora

1 LEE los dos textos y CONTESTA a las preguntas.

¿Comedia de enredo o película reivindicativa: *Reinas* o *Habana Blues*?

El argumento principal de *Reinas* gira en torno a algo tan cotidiano como la celebración de una boda. Pero, en realidad, es una historia sobre el amor, el interés, la posesión. Una película sobre las relaciones humanas. Con mucho humor y un reparto de lujo, *Reinas* refleja cómo cinco madres del siglo XXI, modernas e independientes, son capaces de vapulear la vida de sus hijos en sólo un fin de semana, tiempo durante el que transcurre la película.

Hay algo en *Reinas* que hace que esta película sea diferente a cualquier otra comedia de enredo que tenga una boda como eje central. Y es el sexo de los novios. Esos cinco chicos que están a punto de contraer matrimonio en una boda múltiple son homosexuales.

"Decidimos que los hijos fueran homosexuales porque queríamos contar un nuevo hecho social que ya se ha convertido en algo normal" nos explica el director Manuel Gómez Pereira. Con esa película, este maestro español del cine de humor, vuelve a hacer una comedia para todos los públicos, con los mejores actores del momento, y como siempre impregnada con ese punto irónico característico de su manera de hacer cine.

Habana Blues cuenta la historia de unos jóvenes músicos desencantados con su país o, al menos, hartos de las escaseces que deben soportar. Ambientada en la capital cubana, cuenta la historia de Ruy y Tito, dos músicos cubanos que, cuando preparan su primer gran concierto público, reciben una oferta de unos productores musicales españoles para grabar tres discos en España. Esta nueva situación cambiará sus vidas y la relación con sus familiares y amigos."Esta película es un homenaje a Cuba como pueblo, no como Estado, porque a mí me preocupa la gente, que está muy fastidiada; las familias rotas... A mí no me importan las banderas ni los signos sino el sufrimiento humano. Quería hablar de la vitalidad de ese pueblo, no de su parte gris", explica el director Benito Zambrano.

En su película él utiliza la música para gritar libertad y ser contestatario. Es una de las labores que tiene que cumplir el arte. Y en Cuba, la música es el arte más dinámico y practicado por más gente.

La gran ilusión, n° 94, abril 2005.

	REINAS	HABANA BLUES
a. Señala cuál de las dos películas trata sobre las relaciones humanas.	☐	☐
b. ¿Y sobre el desencanto?	☐	☐
c. ¿Cuál tiene un reparto de lujo?	☐	☐
d. ¿Cuál transcurre en un fin de semana?	☐	☐
e. ¿Cuál tiene como fondo el mundo de la música?	☐	☐
f. Una de las dos películas es una comedia de enredo. ¿Cúal?	☐	☐
g. ¿En cuál de las dos se utiliza la música como vía de expresión de la libertad?	☐	☐

h. ¿Qué factor hace que la película sea diferente a las demás?

....

i. Indica cuál te gustaría ver y por qué. Razona tu respuesta.

....

Comprensión auditiva

1 ESCUCHA la entrevista con la actriz argentina Cecilia Roth y CONTESTA a las preguntas.

a. Cecilia Roth es la actriz argentina ...
   1. más famosa y conocida dentro de su país. ☐
   2. con más proyección internacional. ☐

b. Sus directores preferidos son Almodóvar y Aristaráin porque ...
   1. se lleva muy bien con ellos dentro y fuera de la pantalla. ☐
   2. aunque piensan de forma diferente coinciden en lo esencial. ☐

c. Trabajar con Pedro Almodóvar es ...
   1. una experiencia adorable. ☐
   2. una experiencia inolvidable. ☐

d. Tanto Almodóvar como ella ...
   1. han crecido y madurado como todo ser humano. ☐
   2. han madurado en conocimientos pero sin envejecer. ☐

e. Cecilia piensa que el cine hispanoamericano es diferente al norteamericano y al europeo...
   1. porque no tiene tantos medios.
   2. porque su temática es diferente.

f. Según ella, el cine argentino ...
   1. debería estar por encima de las políticas y de las economías. ☐
   2. debería reflejar más los momentos delicados del país, en lo que
      se refiere a la política y a la economía. ☐

Gramática

1 CORRIGE las preposiciones *a, para, por*, que estén mal usadas.

a. Los recién casados están preocupados *para* los gastos de la boda. ....
b. Toma, este ramo de flores es *por* ti. ....
c. *Para* mí, que haga lo que quiera. No lo pienso apoyar. ....
d. Esta manta se puede lavar *por* máquina sin ningún problema. ....
e. La policía está buscando *para* un individuo sospechoso de estafa. ....
f. Los espárragos trigueros están *para* 2,99 euros el kilo. ....
g. Fui a la tienda de ultramarinos *a* comprar los ingredientes *para* la tarta. ....
h. El futbolista fue perseguido *para* sus admiradores después del partido. ....
i. ¿Tienes en esta estantería alguna de las novelas escritas *para* tu abuelo? ....
j. Vino *por* conocer a unos amigos de sus padres y se casó con la hija de uno de ellos. ....
k. No me gusta nada ese vestido, *a* serte franca. ....

2 **COMPLETA las frases con el verbo en el tiempo y modo adecuados.**

a. El niño se escapó del colegio sin que nadie .... (verlo).
b. He hecho el gazpacho andaluz como .... (tú decirme).
c. Monté los juguetes de los niños según .... (poner) en las instrucciones.
d. La pequeña se escapó del aula sin .... (hacer) el menor ruido.
e. El secretario escribió el discurso conforme su jefa .... (dictárselo).
f. A mis parientes colombianos les costó mucho trabajo acostumbrarse a la comida española, igual que .... (ocurrirles) a otros muchos inmigrantes.
g. Hemos instalado el microondas de la manera que .... (indicar) el manual de instrucciones.
h. Este problema de matemáticas no está mal planteado, pero no es así como yo .... (hacerlo).

3 **TERMINA estas oraciones modales con otra proposición.**

a. Mi hermana ha hecho la tarta de chocolate según ....
b. El telefonista de la empresa es un tanto grosero. Se enfada con el público, de manera que ....
c. Esteban se comió ayer la caja de bombones casi entera, de modo que ....
d. He limpiado los libros y los he ordenado como ....
e. Soy una *fan* del actor de origen cubano Andy García. Me encanta cómo ....
f. Su forma de expresarse es un poco incoherente, a veces dice cosas que pueden herir a los demás, pero lo hace sin ....

4 **COMPLETA las siguientes frases con *para* o *por*.**

a. Les dije a mis padres que quería esa pulsera ..... haber terminado el bachillerato con tan buenas notas.
b. Estas inyecciones son muy buenas ..... curar la inflamación de la garganta.
c. La obra de teatro más elogiada ..... el público fue la que se estrenó el año pasado.
d. ..... mis abuelos, la idea de venirse a vivir a una gran ciudad sería horrible.
e. Vendí mi ordenador viejo ..... 200 euros porque me quería comprar un portátil.
f. El bebé de mis primos está muy espabilado ..... su edad.
g. ..... mí, que gane el equipo que mejor juegue.
h. Adiós a todos, me voy ..... Marbella ahora mismo.

5 **RELLENA los huecos con *a / al, para, por* solo cuando sea necesario.**

El otro día según iba (1) .... casa, me encontré (2) .... una caja cerrada en el suelo. Al principio, no me atreví (3) .... abrirla. Podría ser un paquete bomba, pensé. Así que crucé la calle (4) .... el paso de peatones y me alejé un poquito. "¿No voy a avisar (5) .... la policía?" La policía está (6) .... este tipo de emergencias. De modo que llamé (7) .... 112 y esperé (8) .... que vinieran y abrieran (9) .... la caja. Cuando llegaron (10) .... los agentes se congregó mucha gente alrededor de ellos. Había mucha expectación (11) .... ver lo que había dentro de la caja y que se movía lentamente. (12) .... sorpresa de todos, eran unos cachorros de gatito abandonados.

(13) .... mí, me hubiera quedado allí todo el día observando cómo jugaban (14) .... los gatitos. Bueno, fue una falsa alarma, pero (15) .... mí mereció la pena a pesar del lío que se formó.

Léxico

1 COMPLETA el texto con la opción adecuada.

Europa se mira en el cine español
Almodóvar y Amenábar, junto al alemán Akin, copan las nominaciones de los premios europeos

Los premios del Cine Europeo se conceden anualmente por la Academia Europea de Cine, (a) .... por el realizador Wim Wenders e integrada por 1.600 representantes de (b) .... , realizadores, intérpretes, técnicos, distribuidores y productores, 250 de (c) .... son españoles. Esta será la 17ª edición de (d) ...., que en los años impares se entregan (e) .... en una gala en Berlín y en los años pares tienen sede (f) .... entre las distintas capitales europeas. Barcelona ha sido la escogida para la gala de este año (g) .... invitación del Ministerio de Cultura, la Generalitat de Cataluña y el Ayuntamiento, y es la primera ciudad española que (h) .... la ceremonia en estos 17 años de historia. El director de (i) ...., el actor, director y productor cinematográfico Humbert Balsan, señaló la oportunidad de (j) .... la gala en esta ciudad en virtud de la "supremacía de las películas españolas en las nominaciones".

La entrega de los premios tendrá (k) .... en el Centro de Convenciones Internacionales de Barcelona y será (l) .... por TVE en directo. Desde el año pasado la Academia ha puesto en marcha un nuevo formato de ceremonia, que consiste (m) .... una cena de gala durante la cual se entregan los premios. Entre los actores que han confirmado ya su presencia se encuentran Belén Rueda, Jeremy Irons, Jeanne Moreau, Franca Potente, etc. Queda todavía (n) .... confirmar quiénes serán los presentadores de la gala.

El País, 12-11-2004.

a.	1. presidida	2. gobernada	3. ejercida
b.	1. la empresa	2. la comitiva	3. la profesión
c.	1. los que	2. los cuales	3. quienes
d.	1. los galardones	2. las bonificaciones	3. los incentivos
e.	1. casi nunca	2. siempre	3. irregularmente
f.	1. fija	2. establecida	3. rotatoria
g.	1. por	2. para	3. de
h.	1. guarda	2. alberga	3. rige
i.	1. la Escuela	2. el Colegio	3. la Academia
j.	1. ser	2. celebrar	3. llevar
k.	1. lugar	2. sitio	3. localización
l.	1. extendida	2. canalizada	3. emitida
m.	1. en	2. por	3. de
n.	1. para	2. a	3. por

2 RELACIONA las preguntas con las respuestas.

a. ¿Qué ponen en el cine?
b. ¿Quién sale?
c. ¿De qué trata?
d. ¿Dónde la ponen?
e. ¿A qué hora empieza?
f. ¿Cómo compramos las entradas?
g. ¿A qué hora quedamos?
h. ¿Qué te ha parecido la película?

1. Me ha decepcionado un poco, la crítica la ponía bien.
2. El último pase es a las diez y media.
3. La última película del director mexicano que ganó varios premios el año pasado.
4. ¿Te parece bien a las diez en un café que hay enfrente del cine?
5. Los actores no son muy conocidos pero actúan muy bien.
6. En realidad es un tema un poco deprimente.
7. Prefiero comprarlas por Internet antes que tener que ir a la taquilla y hacer cola.
8. En el Proyecciones, en la calle Trafalgar.

3 **ELIGE para cada frase las palabras correctas del recuadro.**

1. rodada en exteriores	4. cortometrajes	7. un tráiler (avance de película)
2. la noche del estreno	5. la banda sonora	8. en versión original
3. un éxito de taquilla	6. el doblaje	9. un especialista

a. En las escenas más arriesgadas, al protagonista lo sustituirá ....

b. Antes de la película que fuimos a ver ayer pusieron .... muy divertido del próximo estreno.

c. Los amigos de mis padres prefieren ver las películas .... para oir las voces reales de los actores.

d. *Sahara*, la película con Penélope Cruz y Matthew McConaughey ha sido .... en todo el mundo.

e. La mayoría de los directores de cine jóvenes se inician en sus carreras haciendo ....

f. Todo el elenco de actores estaba muy nervioso ....

g. Hace tiempo, ... de la mayoría de los dibujos animados en español se hacía en Sudamérica.

h. Lo que más me gustó de la película fue la música; .... es maravillosa.

i. El presupuesto de la película era altísimo ya que toda ella estaba ....

 Frases hechas

1 **DESCUBRE el significado de las siguientes frases hechas.**

1. No caber ni un alfiler: no haber sitio o plaza libre, estar en un lugar completamente lleno de gente.
Ejemplo: Ayer estuvimos en un concierto. La sala estaba tan llena que no cabía ni un alfiler.

2. Tener muchas tablas: tener mucha experiencia, desenvolverse con soltura en una situación concreta.
Ejemplo: Me gusta nuestro nuevo gerente. Tiene muchas tablas y se ve que disfruta haciendo este trabajo.

3. Haber cuatro gatos: indica que hay muy poca gente en un sitio.
Ejemplo: El domingo estuvimos en el teatro. Pero sólo había cuatro gatos y suspendieron la función.

4. Montar un numerito: hacer algo escandaloso o que llame la atención.
Ejemplo: El novio de mi hermana es un impresentable. Cuando ella le dijo que quería terminar la relación, él se puso como un energúmeno y le montó un numerito en medio de la calle.

5. Ver las estrellas: sentir un dolor físico muy fuerte.
Ejemplo: ¡Ay, qué dolor! Me he pillado el dedo con la puerta y he visto las estrellas.

2 **RELLENA los huecos con las frases hechas que acabas de aprender en su forma y tiempo adecuados.**

a. El otro día, cuando fui a la tienda a reclamar porque me habían vendido un objeto defectuoso, el encargado me dijo que me relajara y que no .... porque había mucho público en la tienda y no querían dar una mala imagen.

b. No sufras por tu amiga, ella sabe lo que hace. Aunque hoy sea su primer día en este trabajo, se le nota que ....

c. ¡Qué vergüenza pasé el día del estreno! Las invitaciones no llegaron a tiempo y apenas .... en todo el cine.

d. Ayer me di tal cabezazo con la puerta del altillo que .... De hecho, hoy me ha salido un chichón.

e. La fiesta de la embajada fue todo un éxito. Acudió muchísima gente y en la sala ....

unidad 11
La buena mesa

 **Comprensión lectora y auditiva**

1 ESCUCHA a Fast (hombre) y a Good (mujer) hablando y CONTESTA a las preguntas.

a. ¿Qué es lo que quiere comer FAST?
....

b. ¿Qué es lo que no le apetece comer a GOOD?
....

c. ¿Adónde van a comer?
....

d. ¿Qué cualidades positivas reúne el restaurante?
....

2 LEE el texto y RESPONDE a las preguntas.

Fast Good: NH Hoteles abre el primer "fast good", un concepto gastronómico único ideado por Ferran Adrià

NH Hoteles abre el primer "Fast Good", un innovador concepto gastronómico que ofrece comida rápida con la más alta calidad y que surge como resultado de un profundo estudio del mundo de la hostelería y la restauración, realizado por Ferran Adrià y NH Hoteles, con el objetivo de ofrecer una propuesta alternativa e intermedia entre el fast-food habitual y el menú de restaurante de calidad.

Ferran Adrià da ahora un paso más y crea para NH Hoteles un restaurante de comida rápida. La oferta gastronómica de "Fast-Good", diseñada por el prestigioso restaurador español, es sencilla y muy innovadora, ya que introduce en la elaboración de los tradicionales platos de comida rápida ingredientes hasta ahora sólo usados en la alta cocina. Así, en este nuevo local de la cadena NH Hoteles podemos degustar una hamburguesa hecha con la habitual carne de vaca, pero aderezada con lechuga trocadero y salsa tapenade, o con rúcola y gorgonzola, por ejemplo; en el caso de los paninis, combinan el jamón, los espárragos o el queso con elementos como la salvia, los piñones, cebollitas confitadas o incluso el foie; o en el caso de las ensaladas, encontramos combinaciones tan exclusivas como judías verdes con daditos de foie de pato, puerros con pollo confitado y especias, o arroz salvaje con couscous, comple-

tadas con una extensa selección de lechugas y frutas, aderezadas siempre con salsas caseras. Unos platos que se acompañan de patatas fritas no congeladas y hechas al momento con aceite de oliva, y que podemos complementar con zumos naturales recién hechos como el de lichis, frambuesa o melocotón rojo, la selección de bollería dulce y salada elaborada por "Fast-Good" a diario y la amplia gama de cafés e infusiones.

El equipo de NH Hoteles y Ferran Adrià han diseñado un espacio para el cliente que dispone de poco tiempo, pero busca calidad y un lugar donde poder desayunar, tomar un aperitivo, comer, merendar y cenar. Además, "Fast Good" presenta un aspecto elegante y sofisticado conseguido gracias a las maderas oscuras de las mesas, el suelo pétreo gris oscuro y las paredes de suave gris perla. Ferran Adrià afirma que "hemos llegado al concepto de "Fast-Good" después de analizar los mercados de distintos países del mundo. Los clientes de negocios tienen poco tiempo para comer, pero tienen un creciente interés en cuidarse y comer con calidad. Por eso estamos convencidos de que este nuevo concepto va a ser un éxito".

empresas-ws, Madrid, 29-03-2004.

a. ¿Cómo definirías el "fast-good" en oposición a "fast-food"? ....

b. ¿Qué ingredientes tiene de la "alta cocina"? ....

c. Pon ejemplos que diferencien el "fast-good" de la comida rápida "basura". ....

d. ¿Qué importancia tienen la decoración y el espacio? ....

e. ¿Cómo han llegado al concepto de comida rápida de calidad? ....
¿Quiénes son sus clientes? ....
¿Para quiénes está diseñado el restaurante? ....

3 🎧 **ESCUCHA la entrevista a Ferran Adrià y CONTESTA a las preguntas.**

a. ¿Qué estudios de cocina deben hacerse en la Universidad? ....
b. ¿Dónde estudió cocina Ferran Adrià? ....
c. ¿Cómo le viene la inspiración para crear sus platos innovadores? ....
d. ¿Queda algo por descubrir? ....
e. Las nuevas tendencias culinarias vendrán de ....
f. Un joven que quiera ser cocinero famoso tiene que estar continuamente ....
g. Señale algún consejo para los inexpertos en cocina. ....
h. ¿Qué receta se menciona para dichos inexpertos? ....

ñ Gramática

1 **ESCRIBE las frases a, b en estilo indirecto y las c, d en estilo directo.**

Ejemplo: *El cocinero dijo: "Me gusta combinar la innovación con la tradición".*
El cocinero dijo que le gustaba combinar la innovación con la tradición.

Ejemplo: *Él me pidió que le diera la receta.*
Él me pidió: "Dame la receta".

a. El cocinero nos recomendó: "Estudiad si queréis innovar".
....

b. El cocinero anunció: "La cocina oriental se apreciará en las próximas décadas".
....

c. Él me dijo que le había gustado mucho el nuevo restaurante.
....

d. La cocinera nos explicó que la cocina de fusión seguiría de moda.
....

2 **EXPRESA las siguientes preguntas en estilo indirecto.**

Ejemplo: *¿Cómo cocinas la pasta?, me preguntó mi compañero de piso.*
Mi compañero de piso me preguntó que cómo cocinaba la pasta.

a. ¿Te gusta la comida india?, me preguntó él.
....

c. ¿Has probado los caracoles?, me preguntó ella.
....

b. ¿Dónde aprendiste a cocinar?, me preguntó él.
....

d. ¿En qué platos se usa el perejil?, me preguntó él.
....

3 **FORMULA este diálogo en estilo indirecto (teniendo en cuenta los elementos que cambian).**

- ¿Cuál es tu plato tradicional favorito?
- La paella.
- ¿Cuál es tu creación favorita?
- Mi gazpacho andaluz.
- ¿Qué recomiendas para aprender a amar la Gastronomía?
- Humildad.
- ¿Para quién te gustaría cocinar?
- Me gustaría cocinar el inédito menú de Leonardo Da Vinci de 1502, aquel que no le aceptó su mecenas en las obras de Ludovico Esforza.
- ¿Eres un hombre feliz?
- Sí, mucho. Me siento realizado y feliz, porque he conseguido la aspiración de la mayoría, hacer lo que me gusta y vivir de ello. Además, gozo de la confianza de mis socios y el respeto y admiración de mis colaboradores.

4 COMPLETA los huecos con el tiempo verbal adecuado.

a. Hemos invitado a Mercedes a un restaurante japonés. Nunca .... (ir) en su vida.
b. El sábado fui a un mexicano. Me gustó mucho el guacamole. No lo .... (probar) nunca.
c. Quiero visitar el Tíbet, porque no .... (estar) nunca.
d. ¿.......... (cocinar) alguna vez con curry?

5 PON los verbos entre paréntesis en su forma adecuada.

Ángela Vicario (ser) .... la hija menor de una familia de recursos escasos. Su padre, Poncio Vicario, (ser) .... orfebre de pobres, y la vista se le (acabar) .... de tanto hacer primores de oro para mantener el honor de la casa. Purísima del Carmen, su madre, (ser) .... maestra de escuela hasta que (casarse) .... para siempre. Su aspecto manso y un tanto afligido (disimular) .... muy bien el rigor de su carácter. «(parecer) .... una monja», recuerda Mercedes. Se (consagrar) .... con tal espíritu de sacrificio a la atención del esposo y a la crianza de los hijos, que a uno se le (olvidar) .... a veces que seguía existiendo. Las dos hijas mayores (casarse) .... muy tarde. Además de los gemelos, (tener) .... una hija intermedia que había muerto de fiebres crepusculares, y dos años después seguían guardándole un luto aliviado dentro de la casa, pero riguroso en la calle. Los hermanos (ser) .... criados para ser hombres. Ellas habían sido educadas para casarse. (saber) .... bordar con bastidor, coser a máquina, tejer encaje de bolillo, lavar y planchar, hacer flores artificiales y dulces de fantasía, y redactar esquelas de compromiso.

Gabriel García Márquez, *Crónica de una muerte anunciada* (fragmento).

6 TRANSFORMA en pasado los cuatro últimos párrafos.

Estaba en el restaurante, esperando la llegada del joven escritor, cuyo retraso comenzaba a irritarle. Pidió una copa y entretuvo la espera dándole vueltas al descubrimiento narrativo de esa mañana. Había, en principio, las siguientes posibilidades:

a) El paciente habla a su psicoanalista de la mujer que ha conocido en el parque y le da, en sucesivas sesiones, tal cúmulo de detalles sobre ella que el psicoanalista advierte que se trata de su propia mujer. En tal caso, los dos amantes -que ignoran el enredo en el que están envueltos- quedan a su merced.

b) El psicoanalista no llega a enterarse de que la mujer del parque es su esposa. Pero el paciente y la mujer, hablando de sus vidas respectivas, advierten la coincidencia. En esta segunda posibilidad es el psicoanalista el que queda expuesto a los manejos de la pareja de amantes.

c) Llega un punto de la narración en el que los tres advierten lo que pasa, pero cada uno de ellos piensa que los otros no lo saben. En este caso, todos creen poseer sobre los otros un poder del que en realidad carecen.

d) Ninguno de ellos sabe lo que está sucediendo; de este modo los tres personajes evolucionan, ciegos, en torno a un mecanismo que los puede triturar, uno a uno, colectivamente. Sería el azar y el discurrir narrativo los que decidieran por ellos su salvación o desgracia.

Juan José Millás, *El desorden de tu nombre* (fragmento).

Léxico

1 RELACIONA cada virtud de la columna de la derecha con cada uno de los siete pecados capitales correspondientes.

PECADOS CAPITALES:

a. Avaricia
b. Soberbia
c. Lujuria
d. Ira
e. Gula
f. Envidia
g. Pereza

VIRTUDES CONTRARIAS:

1. Caridad
2. Serenidad
3. Diligencia
4. Humildad
5. Generosidad
6. Frugalidad
7. Castidad

2 ESCRIBE la palabra que se corresponda con la definición.

a. Una comida que no tiene sal está ....
b. Una comida que no sabe a nada está ....
c. Una comida con mucha sal está ....
d. Una comida que pica mucho está ....
e. Un alimento cocinado con agua hirviendo ....
f. Un alimento cocinado con aceite caliente ....
g. Un alimento cocinado con calor sin agua ni aceite ....
h. Un alimento conservado a muchos grados bajo cero ....
i. Un alimento envasado que se cocina rápidamente en el microondas ....

3 En las siguientes expresiones COMPLETA los espacios en blanco con las palabras del recuadro.

| 1. a la carta   2. aperitivo   3. condimentos   4. especia   5. exquisitos |
| 6. menú   7. merienda   8. platos   9. ración   10. recetas |

a. La paella es uno de los .... típicos de la gastronomía española.
b. El ajo es uno de los .... más empleados en la cocina mediterránea.
c. Para cocinar la paella la .... imprescindible es el azafrán.
d. En un restaurante es más barato pedir el ...., pero yo prefiero comer ....
e. El caviar ruso y el iraní son ....
f. Cuando era niño, a las seis de la tarde comía pan y chocolate de ....
g. Al salir de la oficina a veces voy a tomar el .... con los compañeros.
h. Para comer, no es suficiente picar con tapas; hay que pedir una ....
i. Me gustaron muchísimo todos los postres: pásame las ...., por favor.

Frases hechas

1 **RELACIONA cada refrán o expresión con su significado.**

EXPRESIÓN IDIOMÁTICA

1. *A buen hambre no hay pan duro.*
2. *A falta de pan, buenas son tortas.*
3. *Agua que no has de beber, déjala correr.*
4. *Estar a la sopa boba.*
5. *Estar como sardinas en lata.*
6. *No estar el horno para bollos.*
7. *Nunca puedes decir de esta agua no beberé.*
8. *Pedirle peras al olmo.*
9. *Ponerse como una sopa.*
10. *Ser tu media naranja.*

DEFINICIÓN

a. Conformarse con lo que se tiene.
b. Depender económicamente de los padres.
c. Estar muy apretados: estar varias personas en muy poco espacio.
d. Mojarse mucho.
e. Nadie puede prometer que nunca hará o dirá determinadas cosas.
f. No te metas en asuntos ajenos.
g. Pedir lo imposible.
h. Ser la pareja que te complementa.
i. Ser un momento muy inoportuno.
j. Si tienes hambre, comes cualquier cosa.

2 **Para cada situación ELIGE alguna de las expresiones del ejercicio anterior, empleando la forma adecuada del verbo.**

a. ¿Te gusta el metro?
No mucho. A las ocho hay tanta gente que ....

b. No sabe aún si seguirá con él.
¡Si todo el mundo pensaba que ....!

c. Pedimos el menú del día más barato y no me gustó mucho.
¿Qué esperabas por 6 euros? ....

d. Me he encontrado un paquete en el portal, no sé si abrirlo.
Déjalo. No lo toques. ....

e. ¿Se ha independizado ya Alberto?
No, hijo, ya ha cumplido los 35 y todavía ....

f. ¡Vaya tormenta la de ayer!
Dímelo a mí, no encontré ningún taxi y ....

g. Sólo queda un poco de la comida de ayer y una lata.
¡Qué más da! ....

h. ¿Hay caviar para los canapés?
No, es muy caro. Tenemos un sucedáneo.
Vale, ...

i. ¡Yo no me casaré nunca!
Ya veremos qué pasa dentro de unos años. ....

j. Quiero pedir aumento de sueldo al jefe.
Mejor otro día, porque hoy ....

 **Comprensión lectora y auditiva**

1 **LEE el texto sobre Margarita Salas y CONTESTA verdadero o falso. CORRIGE las afirmaciones falsas.**

Margarita Salas, bióloga molecular y académica de la lengua: "Un país sin investigación es un país sin desarrollo"

Margarita Salas es una mujer singular, una excepción que confirma la regla. Una mujer de más de 60 años reconocida mundialmente como investigadora científica es toda una rareza en nuestro país, un fruto extraordinario de la difícil época que le tocó vivir. En los años 50, las mujeres, apartadas de los ámbitos del saber y del poder, apenas podían acceder a la universidad, pero la capacidad de trabajo de Margarita Salas y su enorme fuerza de voluntad unidos a la gran categoría humana de los hombres que marcaron su vida, permitieron a esta mujer insólita decidir su futuro por ella misma. Su padre, un reconocido psiquiatra que nunca fue el mismo tras la guerra civil, sufrió el exilio interior y la marginación profesional, pero no quiso aceptar el cruel retroceso que la dictadura supuso en la emancipación de las mujeres. Margarita, al igual que sus hermanos, estudió una carrera, en su caso Químicas, "con un fin muy distinto al de la mayoría de mis escasas compañeras de Campus", afirma hoy con ironía, pensando en las chicas que soñaban con verse rodeadas de prometedores universitarios. Sin embargo, su compañero de tesis, Eladio Viñuela, se convirtió en su esposo. Siendo ambos doctores, iniciaron juntos la carrera científica, pero Severo Ochoa, su maestro, los separó profesionalmente. Es ya célebre la medida, cargada de intenciones, adoptada por Ochoa al recibir al matrimonio en Nueva York: "Estaréis en distintos grupos de trabajo. Si no aprendéis otra cosa, al menos hablaréis inglés". A su regreso, continuaron trabajando por separado: en la España de la época, investigar junto a su marido hubiera supuesto verse abocada a ser "la mujer de...". Estos son los antecedentes de la primera mujer de ciencia en la historia española. Su padre le abrió de par en par la ventana de un futuro elegido por ella misma pero bien distinto al convencional, su maestro la ayudó a forjar una fértil y sacrificada carrera científica y su marido respetó su vocación. Tres hombres adelantados a su época que, en una sociedad hegemónicamente masculina, le habilitaron el espacio para que pudiera trazar su propio camino y, también, escoger sus renuncias vitales, que fueron muchas en una mujer comprometida, que entiende, en una sociedad del ocio como la que hoy tenemos, la investigación como "un compromiso al que hay que dedicarle el 100% de tu esfuerzo".

http://revista.consumer.es.

	V	F
a. Margarita Salas es sólo un ejemplo de lo que hacen otras muchas mujeres españolas.	☐	☐
b. A Margarita no la ayudaron los hombres que conoció.	☐	☐
c. Después de la guerra civil el padre de Margarita Salas sufrió represalias.	☐	☐
d. En su época lo normal era que una chica fuera a la universidad para buscar novio.	☐	☐
e. Margarita Salas y su marido fueron discípulos de Severo Ochoa.	☐	☐
f. Margarita siguió trabajando separada de su esposo para que no supieran que estaba casada.	☐	☐
g. Margarita ha vivido una vida sacrificada.	☐	☐
h. Los tres hombres que la han ayudado son su padre, su marido y su hermano.	☐	☐

2 🎧 ESCUCHA y CONTESTA a las preguntas.

a. ¿Cuál de estas afirmaciones es cierta?
1. Margarita es conocida sobre todo por sus trabajos de investigación. ☐
2. A Margarita no le ha costado mucho desarrollar su carrera. ☐
3. Margarita es conocida por ser una mujer de ciencia. ☐

b. ¿En qué se centrarán los avances científicos de este siglo?
1. En el descubrimiento del genoma humano. ☐
2. En el análisis genético del ser humano. ☐
3. En el tratamiento preventivo de las enfermedades. ☐

c. ¿Por qué debería considerarse un patrimonio de la humanidad el descubrimiento del genoma humano?
1. Porque lo descubrió una empresa pública. ☐
2. Solamente por principios éticos. ☐
3. Por principios éticos y porque lo descubierto no tenía propietario. ☐

d. ¿Qué se debería hacer acerca de los fármacos contra el SIDA?
1. Los países ricos deberían hacer posible que los medicamentos llegaran a África. ☐
2. Deberían hacerse asequibles los medicamentos en los países desarrollados. ☐
3. Los países desarrollados deberían actuar según su conciencia. ☐

e. ¿España invierte mucho en investigación?
1. Muy poco, sólo el 2% del producto interior bruto. ☐
2. No, es de los países de la UE que menos invierte. ☐
3. Invierte bastante más que otros países de la UE, que invierten el 0,9 % del PIB. ☐

Gramática

1 En este texto TRANSFORMA en pasiva con *se* los verbos que puedas.

Dos institutos científicos realizaron este estudio en colaboración. Unos científicos examinaron las muestras de sangre infectada con virus en el Instituto Bacteriológico de la Universidad de Valencia y otros científicos las compararon con las muestras recogidas por el Instituto Médico de Bogotá. Posteriormente una reunión conjunta fue celebrada, en la que los asistentes abordaron distintas posibilidades para desarrollar una vacuna. Los dos Institutos desarrollarían esta vacuna conjuntamente y Colombia y la Unión Europea financiarían la operación. Es la primera vez que se intenta desarrollar una vacuna contra este virus, que causa miles de muertes entre el ganado cada año. Esto ha creado mucha expectación entre los ganaderos.

2 ELIGE entre *ser* y *estar* en el tiempo adecuado para completar estas oraciones pasivas.

a. Las máquinas .... alineadas en varias filas. Parecían un ejército de carros.
b. El Océano Pacífico .... descubierto por Núñez de Balboa.
c. Cuando volvimos del paseo .... empapados por la lluvia.
d. Este motor .... diseñado por un ingeniero uruguayo. Gasta muy poca gasolina.
e. La nave .... preparada para despegar en cualquier momento.
f. Hasta ahora las infecciones han .... combatidas con antibióticos.

3 COMPLETA los huecos con *ser* y *estar* en la forma adecuada.

-¿Qué (1)......... y quién compone la Sociedad Española de Historia de las Ciencias y de las Técnicas?
-Personas que se dedican a la Historia. Hay también biólogos, matemáticos que cultivan la historia. En total, se trata de unas 400 personas.
-No faltan quienes piensan que el científico no desea divulgar, que esconde sus saberes en un lenguaje inaccesible al no iniciado.
-Como generalidad, (2)......... un poco cierto. Pero también lo (3)......... que todas las Sociedades Científicas, sobre todo últimamente, (4)......... preocupadas por la divulgación de la historia de la ciencia. (5)......... más fácil ésta que contar teorías y resultados concretos.
-¿La ciencia (6)......... cultura? ¿(7)......... al alcance de cualquiera su aprendizaje?.
-Claro que (8)......... cultura. No (9)......... al alcance de cualquiera, requiere un esfuerzo. Los conocimientos que se basan en el lenguaje ordinario (10)......... más accesibles. La ciencia tiene un lenguaje más específico, y eso es más difícil. Hay que saber un idioma más, que en general (11)......... el idioma de las matemáticas.
-Los dos volúmenes de las Actas del VIII Congreso alternan temas de fácil digestión, como el referido al mapa del cielo, con otros más especializados. Por ejemplo, ¿pueden interesar a cualquiera temas como dos siglos de cálculo del almanaque náutico?
-En la historia hay de todo. Temas fáciles que llegan a un público amplio y otros menos fáciles. Las cuestiones astronómicas (12)......... muy interesantes. Y estudiar las técnicas que han soportado la historia de la navegación (13)......... también interesante, pero no (14)......... nada fácil.

Fragmento de *El Correo Digital*, 27-2-2005.

4 CORRIGE los errores en el uso de *ser* y *estar* en las siguientes oraciones.

a. Sra. García, su hija *está* muy buena. Estudia mucho: *está* un ejemplo.   ..../............
b. Con esos vaqueros que *están* tan de moda, el abuelo *es* muy joven.   ..../............
c. Si no *estáis* listos nos vamos sin vosotros. ¡Ya *está* bien de esperar!   ..../............
d. Lo mejor *estará* darse prisa. Nuestros amigos deben de *ser* hartos de esperar.   ..../............
e. El autobús debe de *estar* al llegar. Ahora *será* a unas manzanas de aquí.   ..../............
f. Mi mujer *es* empresaria. Ahora *es* de viaje en Ecuador.   ..../............
g. Este regalo *está* para mi madre. *Estoy* seguro de que le gustará.   ..../............

Léxico

1 COMPLETA el texto con palabras del recuadro.

a. científica   b. como   c. ejemplo   d. estudiando   e. generaciones   f. investigaciones
g. lugar   h. más   i. mejor   j. para   k. premio   l. problemas   m. realizado   n. se   o. su

Severo Ochoa* se formó en la Facultad de Medicina de Madrid y en la Residencia de Estudiantes. Luego siguió (1)...... en Gran Bretaña y Alemania, pero la etapa de madurez (2)...... desarrolló en los Estados Unidos. La guerra civil española y la difícil posguerra no facilitaban la actividad (3) ...... en España y, como si se tratase de un exiliado (4)......, cargado de saberes y de experiencias, Severo Ochoa acabó por instalarse en Nueva York, (5)......... en el que finalmente iba a desarrollar sus trabajos de investigación más significativos. Sus (6)......... condujeron a la síntesis del ácido ribonucleico. Este hallazgo le valió, junto a su discípulo Arthur Kornberg, el (7)......... Nobel de Medicina de 1959.
La etapa de magisterio la ha (8)......... en España hasta el final de sus días participando en reuniones científicas, impartiendo conferencias, formando parte (9)......... asesor de distintas fundaciones y organismos y, sobre todo, siendo para la juventud estudiosa un excelente (10)......... de rectitud y de seriedad científica. Destacan (11)......... interés y su voluntad para alcanzar la (12)......... formación posible, su capacidad y su rigor (13)......... abordar y resolver con inteligencia, más que con medios, algunos de los (14)......... que plantea la ciencia y finalmente y, sobre todo, la motivación de sus últimos años, en comunicar ese interés, esa voluntad, esa capacidad y ese rigor a las (15)......... más jóvenes.

*Severo Ochoa (1905-1993).

2 CLASIFICA las siguientes palabras en nombres, adjetivos o verbos. Si una palabra puede ser varias cosas, marca todas las casillas necesarias.

	NOMBRE	ADJETIVO	VERBO
a. desierto			
b. sueño			
c. suntuosidad			
d. torturante			
e. intangible			
f. silencioso			
g. periódico			
h. compadecían			
i. verdadero			

3 En las siguientes frases hay palabras equivocadas porque les sobran o faltan las terminaciones de nombres, verbos y adjetivos. MODIFICA las palabras equivocadas, como en el ejemplo, y DI de qué palabra se trata.

*Ejemplo: La nave espacio ha llegado a un planeta desconocido > La nave **espacial** (adjetivo).*

a. Los astronautas deberán completas un viaje de diez millones de kilómetros.
b. Las investigan han demostrado que este producto es inocuo.
c. Los camiones estaban llenos de instrumentos ciencias.
d. Están ensayando unos nuevos motores electricidad que funcionan bastante bien.
e. Si perforación el terreno aquí, podremos averiguar si hay roca debajo.
f. Habrá que emplear excavaciones grandes para mover la tierra.

 Frases hechas

1 COMPLETA los refranes con las palabras dadas en el lugar correcto.

1. *La …........… es la …….....… de la ciencia (madre / experiencia).*
2. *La ciencia no es para el …….......…, ni las velas son para el ……......… (borrego / ciego).*
3. *La ciencia siempre es …….......…, y la ignorancia …….......… (insolente / decente).*
4. *Más puede ……......… que …….......… (diligencia / ciencia).*

2 DIVIDE los anteriores refranes en los que alaban la ciencia y los que la menosprecian o afirman que no vale tanto como otras virtudes.

3 RELACIONA cada explicación con el refrán de significado equivalente.

a. No todo el mundo es apto para tareas intelectuales. ☐
b. Es más importante trabajar mucho que ser muy listo. ☐
c. La gente inteligente no es fanfarrona, pero los tontos a menudo lo son. ☐
d. Tener mundo y conocimientos prácticos es una buena forma de aprender. ☐

Transcripciones

UNIDAD 1

2. ESCUCHA la entrevista a Valentín Fuster y CONTESTA a las preguntas.

Recordemos que Valentín Fuster es Director del Instituto Cardiovascular del Mount Sinai de Nueva York.
Periodista: El año pasado predijo una trágica epidemia mundial de la enfermedad cardiovascular.
Valentín Fuster: Y por desgracia los hechos me están dando la razón. Este año tenemos datos más precisos de la Organización Mundial de la Salud y del Banco Mundial. Es así, y tenemos que hacer algo, porque las razones de esta epidemia están muy claras: las principales son la obesidad y la diabetes. Además, no me da la impresión de que la prevención sea una prioridad para los países desarrollados, cuando debería serlo.
Periodista: ¿Cómo escapar del estrés en una sociedad acelerada?
Valentín Fuster: La sociedad va acelerada porque la aceleramos nosotros. Hay gente que se dedica exclusivamente a mandar correos electrónicos y espera la respuesta en diez minutos. No hay tiempo para pensar. Hay una especie de locura de la velocidad, pero somos nosotros quienes la alimentamos. Vivir así es un absoluto absurdo. Pide un deseo, le dije el otro día a un amigo científico, y él respondió: "Vivir hace 70 años". Hay gente que tiene un principio de infarto y no va al médico porque tiene una reunión. Las prioridades no están bien marcadas, falta reflexión. Luchar contra la máquina es más difícil que meterse en ella, pero es falso que estemos condenados a vivir así. Podemos cambiar nuestras sociedades, está en nuestras manos.

UNIDAD 2

3. ESCUCHA la entrevista y CONTESTA verdadero o falso a las siguientes afirmaciones.

La periodista Ana Rosa Quintana entrevista a Antonio Muñoz Molina, Académico de la Lengua y escritor.
Ana Rosa: Cuando uno, ya mayor y lleno de experiencias, se traslada a vivir a otro país, otra ciudad, otra cultura... ¿no siente como si la vida le diera una nueva oportunidad?
Antonio Muñoz Molina: Bueno, marcharse en buenas condiciones como yo es extraordinario porque, en la vida, llega un momento en el que corres el peligro de acumular demasiadas cosas. Y, si te vas, dejas lo material, tus relaciones y parte de tu identidad. Te conviertes en una persona mucho más vital. Es una sensación de libertad excitante.
Ana Rosa: Pero debes de sentirte indefenso, ¿no?
Antonio Muñoz Molina: Yo me siento indefenso con mucha facilidad. Y esa indefensión en Nueva York se convierte en abrumadora, por el tamaño, la escala y las distancias que se dan. Es algo muy propio de América. Por una parte, te da sensación de libertad y, por otra, de aturdimiento, como de sentirte aplastado. En España todo es mucho más pequeño.
Ana Rosa: ¿Te ha cambiado Nueva York?
Antonio Muñoz Molina: Me ha educado en muchas cosas. He aprendido a ser extranjero; a ser consciente de que el mundo es mucho más rico y variado de lo que pensamos en España. Me ha ayudado a salir de esta especie de claustrofobia que a veces no nos deja ver más allá de nuestras narices. Me ha enseñado a ver nuestro país desde fuera y, también, a viajar cada cierto tiempo.
Ana Rosa: ¿Y cómo ves España desde fuera?
Antonio Muñoz Molina: Con los ojos con los que creo que la ven los extranjeros; y una de las cosas más destacadas del libro es que casi no la ven.
Ana Rosa: Si pudieras elegir el lugar donde vivir, ¿sería Madrid?
Antonio Muñoz Molina: Sí, indudablemente, aunque me gusta ir a mi tierra, Úbeda, de vez en cuando. Otra cosa por la que me gusta Madrid es que cuando en nuestro país todo el mundo está muy preocupado por su origen y su identidad, en Madrid, no existe ese sentido de identidad, lo cual es una ventaja enorme, porque te permite ser lo que tú quieres ser.
Ana Rosa: Se supone que los escritores son personas bohemias que trasnochan. Pero tú pareces un hombre muy tranquilo, buen padre de familia, organizado...

Antonio Muñoz Molina: Yo siempre supe que había un mundo bohemio, pero nunca lo encontré. Me casé y tuve hijos muy joven, y había que criarlos. Así que no he tenido ocasión de ser bohemio. Además, cuando he pasado alguna noche algo bohemia, al final me ha sentado mal.

UNIDAD 3

1. ESCUCHA a Natalia hablando con una orientadora de su universidad, y SEÑALA quién dice cada cosa.

Orientadora: Natalia, ¿has pensado en la posibilidad de pedir una beca Erasmus para estudiar un año en otro país europeo?
Natalia: Bueno, lo he pensado, pero no sé si me conviene realmente. A lo mejor pierdo un año y tengo que repetir.
Orientadora: Eso va a depender de ti, sobre todo. Si estudias igual que estudias aquí, no tiene por qué irte mal. Las becas son una forma muy buena de acumular experiencia, hacer contactos, conocer otras culturas. ¿No te apetece todo eso?
Natalia: Claro, pero... no sé... no conozco ninguna universidad europea.
Orientadora: Bueno, en la página "web" de Erasmus puedes consultar todo tipo de información. ¿Por qué no echas un vistazo? Ya verás cómo encuentras algo interesante.
Natalia: Vale, eso es buena idea.
Orientadora: ¿Sabes lo que podrías hacer también? Hablar con estudiantes que se han ido con la Erasmus a otros países. Puedo ponerte en contacto con algunos de esta universidad.
Natalia: Ah, fenomenal. Eso sería estupendo.
Orientadora: Pues mira, conozco a tres estudiantes que podrán ayudarte. Está Blanca, que estudió en Munich, en Alemania. Volvió muy contenta y creo que le ayudó mucho en sus estudios.
Natalia: ¿Conoces a alguien que haya estado en Inglaterra?
Orientadora: Sí, José Ignacio ha estado en Londres. Volvió el año pasado. También vino muy contento. Y también te daré el correo electrónico de Alba, que estuvo en Francia. Escríbeles pidiendo consejo, a ver qué te contestan.
Natalia: Eso haré. Muchas gracias.

UNIDAD 4

1. ESCUCHA la audición y RESPONDE a las siguientes preguntas.

Cómo saber si tienes adicción al trabajo.

Cuántas veces, antes de salir de la oficina, nos cargamos con una serie de carpetas y documentos que lo único que hacen es acompañarnos en el viaje a casa y vuelta a la oficina. A menudo, cuando ya hemos decidido abandonar el lugar de trabajo, nos quedamos un rato más, que se alarga durante horas. La doctora Gloria Seguí, especialista en psicología laboral, lleva investigando este problema desde hace cinco años.
Periodista: ¿Cómo sabemos si un empleado tiene adicción al trabajo?
Especialista: Salvo casos extremos, no siempre se reconoce a los adictos. Con frecuencia ni ellos mismos lo saben. No todos tienen los mismos síntomas, pero hay algunas pistas que suelen ser comunes.
Periodista: ¿Podría poner algunos ejemplos?
Especialista: Si están en la oficina un tiempo superior al horario, si se quejan continuamente de que les falta tiempo, si sólo hablan de su trabajo y no de otros temas...
Periodista: ¿Cómo pueden notar los familiares que tienen a un trabajo-adicto en casa?
Especialista: Pueden ver si se llevan informes y trabajo a casa, si en la libreta de teléfonos hay más colegas que amigos, si se aburre los domingos o en vacaciones....
Periodista: ¿En qué momento debe pedir ayuda un adicto al trabajo?
Especialista: Cuando su familia y sus amigos se planteen si esa persona trabaja para vivir o vive para trabajar. Es difícil que en un primer momento los afectados vayan por su propia voluntad a una consulta; sin embargo, es posible que las familias acudan en busca de ayuda y a partir de ahí entablar un tipo de intervención que permita llegar al enfermo.
Periodista: ¿Cómo tratar a un jefe que es adicto al trabajo?
Especialista: Es muy difícil, cuando el jefe tiene un trastorno de este tipo son personas rígidas, autoritarias, poco flexibles y no muy pro-

ductivas. En un principio se pensaba que este tipo de personas eran productivas para las empresas y actualmente los departamentos de recursos humanos se han dado cuenta de que lejos de ser beneficiosos, este tipo de directivos con personalidad adictiva, son los que tienen conflictos con los trabajadores y van en contra de la productividad de las empresas.

UNIDAD 5

2. Ahora ESCUCHA un llamamiento con la descripción del delincuente y CONTESTA a las preguntas.

Mucha gente lo ha visto y se ha podido hacer un perfil para identificarlo:
Actúa siempre solo.
Habla bien castellano. Según algunos testigos, en ocasiones finge acentos locales.
Mide alrededor de 1,75 metros. Siempre viste pantalón recto, camisa y chaqueta. Bajo la ropa oculta siempre un chaleco antibalas que, al menos en una ocasión, le ha salvado la vida.
La nariz prominente es uno de sus rasgos más característicos. También tiene ojos claros, aunque podría utilizar lentillas de colores para despistar.
Usa revólver o pistola. A juzgar por los casquillos dejados tras de sí, podría llevar también un subfusil del tipo Marietta.
No espera la apertura de la caja de las sucursales de bancos y cajas de ahorro que asalta. Conoce los sistemas de alarma.
Actúa siempre a última hora de la mañana.
Usa barba larga y peluca postizas, ambas de color oscuro y, aparentemente, de no muy buena calidad.
Mantiene la calma y actúa con frialdad.
Edad indefinida. Alrededor de 40 años. Acaso mayor.

Existe un teléfono gratuito de colaboración ciudadana: el novecientos, diez, doce, doce. Si creen tener información sobre este individuo no duden en llamar.

UNIDAD 6

1. ESCUCHA el testimonio de una superviviente de la peor tragedia que ha sufrido Colombia en su historia y MARCA la opción correcta.

El paso de los años no ha podido borrar la tragedia que Lupe Coronado vivió. Una tragedia que se refleja en su rostro marchito.
Recordemos un poco de historia:
El 13 de noviembre de 1985, a las 11:30 de la noche, una avalancha del río Lagunilla, ocasionada por la erupción del volcán Arenas del nevado del Ruiz, en el centro de Colombia, a escasos 200 kilómetros de Bogotá, borró del mapa Armero, la más importante ciudad del norte del departamento del Tolima y gran centro algodonero. Hubo 26.000 muertos, 20.611 damnificados y heridos, muchos de ellos mutilados y gravemente afectados, por no decir que derrumbados psicológicamente, e incalculables pérdidas económicas. Era la tragedia de mayor magnitud en la historia de Colombia.
El gobierno se vio obligado a declarar la emergencia económica y contó con la ayuda de agencias internacionales y la solidaridad nacional e internacional. Pero los programas de reubicación nunca tuvieron el cubrimiento ni la efectividad esperada.
El Diario *La Prensa* encontró a Lupe Coronado en la Terminal de Transporte de Bogotá, cuando se aprestaba a viajar a lo que antes era Armero. Cada 13 de noviembre, los familiares se desplazan a esa tierra arrasada y depositan flores en una interminable hilera de tumbas y lápidas llenas de polvo.
A Lupe la acompañaba la única hija que sobrevivió, Francia González Coronado, de apenas 19 años.
"No sé cómo logré aferrarme a mi niña, que solo tenía 2 añitos. Nuestra casa la llevó la avalancha. Mi Dios nos salvó. Pero a mi esposo y a mis otros tres hijos se los llevó la muerte...".
La historia de Lupe Coronado es solamente una de los 21.000 damnificados y sobrevivientes, que se distribuyeron luego por todo el país, principalmente Lérida y Armero - Guayabal. Todos llegaron a esas poblaciones con la esperanza de recibir ayuda en vivienda, empleo y oportunidades. Sin embargo, ya transcurridas dos décadas, ese apoyo no aparece.

UNIDAD 7

1. ESCUCHA la entrevista a la autora Alejandra Vallejo-Nágera, en la que habla sobre la relación de pareja, y CONTESTA a las preguntas.

Periodista: ¿Qué pueden más en el amor, los sentimientos o las hormonas?
Alejandra Vallejo-Nágera: Esta es la eterna batalla entre los psicólogos y los biólogos. Estos últimos dicen que el romanticismo juega un papel muy pequeño al lado del que juegan las hormonas. Algo de eso hay, desde luego, porque somos animales y no hay que olvidarlo. Yo tengo que defender que independientemente de que estemos segregando hormonas en diversas cantidades, cada uno de nosotros aporta un equipaje psicológico que nos hace decidirnos por una pareja en lugar de otra. Creo que en el término medio es donde está la respuesta, hay una combinación de física y química de sentimientos que determina nuestra elección de pareja.
Periodista: Coméntame este triángulo progresivo: Sexo-Amor-Matrimonio.
Alejandra Vallejo-Nágera: Ahora mismo impera una corriente que busca la satisfacción urgente y directa y si sale bien, bien, y si no que pase el siguiente. Otra cosa es: me gustaría encontrar un compañero con el que divertirme, encontrar apoyo, un verdadero cómplice en la tarea de la vida. Para buscar ese amor a largo plazo, yo creo que hacen falta tres cosas fundamentales: 1. Complicidad física, 2. Excitación intelectual y 3. Sintonía afectiva.
Está comprobado que las parejas que duran en el tiempo tienen que coincidir en estos puntos cardinales.
Periodista: En tu libro *El amor no es ciego* desmientes hasta siete tópicos sobre el amor. Te voy a preguntar por dos que están muy difundidos, me refiero claro está, a *polos opuestos se atraen* y a *en el amor sobran las palabras*.
Alejandra Vallejo-Nágera: Efectivamente los polos opuestos se atraen, pero sólo diez minutos, porque en lo básico hay que coincidir, es muy pesado estarse peleando todo el día. Cuando nos enamoramos recurrimos a la experiencia que hemos observado entre nuestros padres; a lo que nos es cercano y conocido. Con esto digo que de oposición con el ser que escogemos para compartir el camino hay relativamente poca.
Periodista: ¿Y eso de que *en el amor sobran las palabras*?
Alejandra Vallejo-Nágera: No se puede pretender que el otro te adivine el pensamiento. Sin embargo, este es un hábito que se da más en las mujeres que entre los hombres, las mujeres pretendemos que la gente nos comprenda aun no hablando. A veces no sabemos expresar bien lo que sentimos, pretendemos que nuestra pareja entienda lo que nos pasa. Sin embargo, hay más posibilidad de conseguir comprensión si hablas.

UNIDAD 8

2. ESCUCHA las intervenciones de estas dos especialistas y COMPLETA los huecos: ¿Son incompatibles el éxito profesional y la maternidad?

Frente a frente, Rocío Rodríguez, socióloga, y Elena Bustillo, presidenta de la Federación Nacional de Asociaciones de Mujeres para la Democracia, debaten sobre el regreso al hogar, las políticas de ayuda a la mujer y las dificultades para compaginar el trabajo y la vida familiar.

Entrevistador: ¿Por qué surge esta vuelta a casa?
Elena Bustillo: La opción de dejar tu trabajo y marcharte a casa es tremendamente respetable. Las mujeres tenemos una sensibilidad especial hacia el nuevo bebé que nos ata, que es lógica, porque además tenemos derecho a ella. Pero quizá no sea lo ideal, hay que esforzarse para conciliar el trabajo y la vida familiar.
Rocío Rodríguez: Desde mi punto de vista, es un movimiento que no entiendo. Es verdad que en muchos sitios como EEUU e incluso aquí en España está pasando, pero las norteamericanas parten de unos mínimos que nosotras, las españolas, no tenemos: ellas tienen más facilidades para la reincorporación. De todas formas, la cuestión clave, que es la que incita a las mujeres a renunciar a la vida profesional, está en por qué los hombres no participan del lado doméstico.
Elena Bustillo: Es cierto que las mujeres hemos cambiado más que los hombres, pero nosotras tenemos mayor capacidad que ellos. Podemos estar trabajando y a la vez acordarnos de ir a recoger a los niños. Por otro lado, la mujer que se va a casa suele tener una posi-

ción económica alta, la de una situación más baja no puede permitírselo, aunque quiera.

Rocío Rodríguez: Este movimiento viene del feminismo de la diferencia. Ellas parten del presupuesto de que hay un saber, unos valores femeninos naturales y genéticos. Si una mujer independiente decide volver, es porque lo ha decidido. Pero no creo que haya una cuestión genética, sería absurdo que la naturaleza hubiera decidido que estamos hechas para coser y planchar. Es una línea conservadora muy cuestionable en la sociedad actual.

Entrevistador: ¿Qué piensan ustedes de la media jornada?

Rocío Rodríguez: La media jornada es una trampa laboral que te sitúa en una posición subordinada: menos salario y ascenso laboral cero.

Elena Bustillo: El contrato a tiempo parcial tiene sus problemas, pero es una gran ayuda para la mujer, que es la que suele optar por él.

Rocío Rodríguez: Los jóvenes creen que de verdad hombres y mujeres son iguales, pero es falso y se nota cuando llega el primer hijo.

Elena Bustillo: Yo creo en la familia, es vital para la sociedad, y lo que está claro es que alguien tiene que estar más encima en casa.

UNIDAD 9

1. ESCUCHA la audición y RESPONDE a las siguientes preguntas.

Periodista: ¿Qué mueve a un periodista a ser corresponsal de guerra?

Jon Sistiaga: Supongo que la curiosidad por conocer y ver de primera mano acontecimientos de primera magnitud.

Periodista: ¿Quiénes han sido tus influencias?

Jon Sistiaga: Escritores de novelas de aventuras del siglo XIX como Emilio Salgari o Julio Verne.

Periodista: ¿Después de una amplia experiencia cubriendo conflictos bélicos en todo el mundo, ¿encuentras alguna explicación a las guerras?

Jon Sistiaga: Ninguna. Es incontrolable cuándo estallan, cómo se desarrollan o cuándo acaban. La contención, la prevención, la represión, son políticas que a veces funcionan y otras no.

Periodista: ¿Piensas continuar ejerciendo mucho tiempo como corresponsal de guerra o te planteas algún cambio en tu trayectoria profesional?

Jon Sistiaga: Seguiré cubriendo conflictos mientras crea que tengo algo que aportar.

Periodista: ¿Cuáles han sido las situaciones más arriesgadas que has tenido que afrontar en tu trabajo?

Jon Sistiaga: En cada guerra ocurren cosas que ponen tu vida en peligro, porque se trata de guerras, no de ruedas de prensa. La policía serbia me encarceló seis días durante los bombardeos de Kosovo, los palestinos me han tirado piedras y los israelíes balas de plástico. En Afganistán me metí en un campo de minas, en Irak lanzaron un obús a mi hotel... pero lo importante no es "la ocasión arriesgada". Desde el momento en que entras en una zona de guerra, todo el tiempo es arriesgado.

Periodista: ¿Es posible informar objetivamente de los conflictos bélicos? ¿Quiénes son los mayores enemigos de los periodistas? ¿Cuáles son las principales amenazas para el trabajo informativo?

Jon Sistiaga: No existe la objetividad. Lo que cuento es el punto de vista de Jon Sistiaga. Intento ser honesto, comprobar las fuentes, hablar con todos, no creerme las fuentes oficiales, verlo todo por mí mismo, pero soy consciente de que lo que cuento, depurados todos esos datos, es la versión de Jon Sistiaga.

Periodista: ¿Cómo reaccionan los militares o los guerrilleros de uno y otro bando cuando se acerca a ellos un periodista?

Jon Sistiaga: Cada momento y sitio es diferente. Unas veces te ven como amigo y otras como enemigo.

Periodista: ¿Cómo se puede superar el miedo a morir cuando uno está en el frente informando de la guerra?

Jon Sistiaga: El miedo siempre tiene que ir contigo. Es lo único que puede garantizar que vuelvas vivo.

UNIDAD 10

1. ESCUCHA la entrevista con la actriz argentina Cecilia Roth y CONTESTA a las preguntas.

Cecilia Roth es una actriz argentina. Su trabajo está a caballo entre Argentina y España, países en los que tiene una larga experiencia como actriz.

Periodista: ¿Quiénes son tus directores preferidos ?

Cecilia Roth: Pedro Almodóvar y Adolfo Aristaráin. Con ellos he tenido unas relaciones maravillosas no sólo durante los rodajes, sino también fuera de ellos, en la vida misma. Son dos maestros de la vida. Pedro y Adolfo coinciden en que tienen un gran olfato para la verdad, para lo orgánico en el trabajo de los actores, y es una cualidad que no todos los directores tienen.

Periodista: ¿Te gustaría volver a trabajar con Pedro Almodóvar?

Cecilia Roth: Trabajar con Pedro es una experiencia inolvidable, tengo muchísimas ganas de volver a hacer otra película con él.

Periodista: ¿Cómo habéis evolucionado Pedro Almodóvar y tú, desde vuestra primera película juntos, *Pepi, Luci, Boom y otras chicas del montón*, de 1980?

Cecilia Roth: Creo que se nos han sumado años, experiencias. Creo que los dos hemos madurado bastante bien. Creo que Pedro tiene una cualidad que a mi me parece maravillosa en un ser humano, que es la posibilidad de crecer sin envejecer, de crecer en conocimiento, en sabiduría, en generosidad, en entendimiento de la vida, sin que eso suponga un envejecimiento.

Periodista: ¿Cómo ves el panorama actual del cine hispanoamericano?

Cecilia Roth: Bueno, no se puede generalizar, es abundante el material que hay y yo no veo todas las películas que se hacen. Creo que el cine hispanoamericano tiene su propia identidad, es una identidad diferente a la del cine norteamericano o a la del cine europeo ya que tiene pocos medios, pero que ha sabido resolver con talento esa dificultad. Además hay algo muy interesante y es que el cine hispanoamericano está abriendo fronteras entre los propios países y tenemos acceso a poder trabajar en esos diferentes países. Yo por ejemplo con el mercado hispanoamericano tengo suficiente. Creo que entre nosotros podemos quebrar las fronteras y hablar de un cine de habla hispana.

Periodista: Cecilia, tú trabajas a caballo entre España y Argentina. Cuéntanos un poco cuáles son las similitudes y las diferencias de trabajar en los dos países.

Cecilia Roth: Creo que España tiene una buena industria de cine, hay productores arriesgados, hay proyectos de coproducción muy interesantes que tienen el dinero suficiente para poder realizarse y para poder amortizar los gastos.
El cine argentino, por otro lado, está en un momento de visagra, hay muchas películas sumamente interesantes que han podido salir individualmente de las fronteras argentinas, pero es importante ahora la posibilidad de construir una industria de cine argentina, que la tuvo en los años 40 y 50. Pero como nuestro cine, nuestra cultura depende mucho de las políticas, de la economía, que a veces el talento puede superar. Pero sería interesante que existiera la posibilidad de hacer una industria que pasara por encima de lo político.

UNIDAD 11

1. ESCUCHA a Fast y a Good hablando y CONTESTA a las preguntas.

FAST: ¿Comemos algo rápido y seguimos después con la reunión?

GOOD: Yo...Había pensado que nos diéramos un pequeño homenaje...

FAST: Me da un poco de pereza sentarme, pedir, primer plato, segundo, la cuenta... pero la verdad es que me apetece comer bien... sano. Que luego me paso la tarde lamentándome.

GOOD: No me digas más: comida rápida y buena... pero no uno de esos sitios de plástico, ¿de acuerdo?

FAST: Nada que ver. Un sitio de comida rápida diseñada por Ferran Adrià. Hamburguesa picada en el local, de buey o ternera, como prefieras. Ensaladas con vinagretas creativas. Y un local en colores verdes y morados con muebles de diseño.

GOOD: Vale, me apetece comer bien y sano, pero rapidito, ¿vale?

3. ESCUCHA la entrevista a Ferran Adrià y CONTESTA a las preguntas.

Ferran Adrià es Jefe de cocina del restaurante "El Bulli".

Periodista: ¿Cree que la alta cocina podría tener la consideración de licenciatura universitaria?

Ferran Adrià: La alta cocina no, pero la alimentación sí que lo merece. La gastronomía será una parte de estos estudios. Es evidente que el sector que mueve el 22 por ciento del PIB ha de estar representado en la Universidad.

Periodista: ¿Cómo aprendió a cocinar?

Ferran Adrià: Fue un cúmulo de casualidades. Estaba estudiando Económicas y quería ir a Ibiza. Para conseguir algo de dinero me puse a trabajar, fregando platos, en un hotel de Castelldefels y así empezó mi relación con la restauración.

Periodista: ¿Cómo se inspira para crear sus platos innovadores?

Ferran Adrià: Utilizamos una serie de métodos. Somos un equipo que trabaja de forma parecida a como lo hacen en cualquier materia creativa. Nuestro trabajo es similar al de los diseñadores o arquitectos. La inspiración es también importante, pero puede surgir en cualquier momento, paseando, leyendo, estudiando, etcétera. Todos los procesos creativos se parecen.

Periodista: ¿Quedan aún ingredientes por descubrir?

Ferran Adrià: No sólo en la cocina, en el mundo quedan muchas cosas por descubrir. No podemos ser tan ilusos y pensar que somos la última generación con cosas por descubrir.

Periodista: ¿Por dónde cree que irán las nuevas tendencias culinarias?

Ferran Adrià: Las nuevas tendencias están en la investigación y el conocimiento. La gente cada vez estará más formada y creará nuevas exquisiteces.

Periodista: ¿Qué consejo le daría a un joven que quiera convertirse en una referencia de la cocina moderna?

Ferran Adrià: Que tenga mucha paciencia. Yo no puedo ser un buen ejemplo, ya que a los 22 años ya era responsable de la cocina de "El Bulli". Es muy difícil conseguir los objetivos a los 25 años. Lo fundamental es no dejar de formarse, invertir en uno mismo.

Periodista: ¿Podría ofrecernos una receta barata, simple y sorprendente para que los inexpertos universitarios sorprendan a sus amigos?

Ferran Adrià: En esa línea estamos trabajando. Queremos poner en marcha una web donde los universitarios puedan aprender las recetas más sencillas, desde cómo hervir la pasta hasta cómo hacer un huevo frito. Creemos que es importante que la gente que está en la Universidad dedique al menos una hora a la semana a cocinar sencillo. Cocinar no es algo genético, se ha de aprender.

Una receta fantástica para febrero, un mes donde las habas son muy buenas, es comprarlas peladas, saltearlas con un poco de aceite y ponerles un huevo frito encima.

UNIDAD 12

2. ESCUCHA y CONTESTA a las preguntas.

Periodista: Los científicos son, en nuestro país, poco reconocidos socialmente. Usted, sin ir más lejos, admite que la gran atención mediática que recibe su figura se debe más al hecho de ser mujer que a sus trabajos como investigadora. ¿Cómo se definiría a sí misma?

Margarita Salas: Soy una persona sencilla, muy trabajadora y a la que gusta hacer las cosas bien. Estas tres cualidades, unidas al apoyo incondicional de mi marido y a las enseñanzas iniciales de Severo Ochoa, me sirvieron para aprender y, con gran esfuerzo, logré desarrollar mi carrera.

Periodista: Es ya un tópico que la Ciencia nos anuncie un futuro mejor. En la actualidad, ¿en qué hechos se basa esta expectativa?

Margarita Salas: En este momento, con el descubrimiento del genoma humano tenemos muchas posibilidades de determinar el origen, las causas de las enfermedades relacionadas con la genética. Estamos viviendo una nueva etapa de la ciencia médica. Muchos de los avances de este siglo estarán centrados en analizar genéticamente al ser humano y en relacionar estos conocimientos con las enfermedades para así poder determinar qué tratamiento preventivo y curativo conviene para cada una.

Periodista: ¿Cuándo un resultado científico es patrimonio de la humanidad o un producto comercial de la empresa que patrocina la investigación o adquiere la patente?

Margarita Salas: Pongamos un ejemplo. En el descubrimiento del genoma humano hubo una empresa pública que determinó la secuencia. Lo logró antes que la compañía privada. El resultado de la investigación, según mi criterio, tenía un carácter de patrimonio de la humanidad. Y no sólo por principios éticos, sino porque científicamente se trataba de descubrir algo que ya existía, que no tenía un propietario. Por el contrario, lo que sí es patentable son los desarrollos que las compañías pueden obtener a partir de su conocimiento. Las empresas farmacéuticas invierten mucho dinero y tiempo en investigación. La duda aparece cuando se producen desigualdades. Los fármacos contra el Sida no llegan a África y en este continente el virus está matando a la mitad de la población. Los países desarrollados deberían concienciarse y adoptar medidas para que estos medicamentos esenciales fueran asequibles para la población de los países pobres que los necesitan con tanta urgencia.

Periodista: Los investigadores españoles llevan décadas quejándose de la escasez de ayudas públicas para la ciencia y los más prometedores, incluso los más eminentes y consolidados, se han visto obligados a emigrar a países más receptivos, siempre los más desarrollados del mundo. ¿Qué medidas deberían adoptarse para que este capital intelectual y esa producción científica se queden dentro de nuestras fronteras?

Margarita Salas: Lo primero es obvio: hay que invertir más en investigación. El presupuesto español nos coloca en los últimos puestos de la Unión Europea, donde de media se gasta un 2% del PIB (producto interior bruto), mientras que en España estamos en el 0,9%. Si no hay más inversión, los investigadores que viajan al extranjero, sobre todo los jóvenes que van a realizar una tesis doctoral, tienen difícil el regreso.

Sin embargo, cada año que pasa se consolida más la convicción de que el futuro económico de nuestro país pasa ineludiblemente por aumentar, y mucho, la inversión en I+D (innovación y desarrollo). Yo iría más lejos. Un país sin investigación es un país sin desarrollo, puesto que es la investigación básica la que origina el desarrollo.

PISTAS CD-Audio.

1. Presentación